G. C. F Lisch

Marquard Behr - letzter Prior der Karthause Marienehe bei Rostock

und der Untergang der Karthause

G. C. F Lisch

Marquard Behr - letzter Prior der Karthause Marienehe bei Rostock
und der Untergang der Karthause

ISBN/EAN: 9783743429215

Hergestellt in Europa, USA, Kanada, Australien, Japan

Cover: Foto ©ninafisch / pixelio.de

Manufactured and distributed by brebook publishing software (www.brebook.com)

G. C. F Lisch

Marquard Behr - letzter Prior der Karthause Marienehe bei Rostock

Marquard Behr,

letzter Prior

der

Karthause Marienehe

bei Rostock,

und

der Untergang der Karthause,

von

Dr. G. C. F. Lisch,

großherzoglich-meklenburgischem Archiv-Rath und Conservator der Kunstdenkmäler,
Ritter des Rothen Adler-Ordens 3. Cl., des oldenburgschen Haus- und Verdienst-Ordens 3. Cl.,
des Dannebrog-Ordens 3. Cl., der meklenburgischen und hannoverschen goldenen
Verdienst-Medaille für Wissenschaft und Kunst ꝛc.

(Statt Handschrift gedruckt.)

———

Schwerin, 1862.

Gedruckt in der Hofbuchdruckerei von Dr. F. W. Bärensprung.

Marquard Behr,

letzter Prior

der Karthause Marienehe

bei Rostock,

und

der Untergang der Karthause.

Auf dem linken Ufer des breiten, schiffbaren Warnowstromes zwischen Rostock und Warnemünde steht in friedlicher Stille ein fürstlicher Pachthof Marnê, jetzt auch wieder Marienehe genannt; im Mittelalter stand hier, eine halbe Meile von der mächtigen Hansestadt Rostock, im Angesichte derselben, und nicht weit entfernt von der benachbarten gefeierten Cistercienser-Mönchsabtei Doberan, das würdige Karthäuser-Mönchskloster Marienehe, von welchem aber schon seit drei Jahrhunderten nicht die geringste Spur mehr vorhanden ist: kaum bemerkt man, wenn man die Warnow hinabfährt, den stillen Landhof an der Stelle, von wo einst die Kirche mit einem weiten Kloster die Gegend beherrschte.

Der Karthäuser-Orden war im J. 1086 von dem später heilig gesprochenen Chorherrn Bruno von Rheims, aus Cöln stammend, gestiftet, indem er sich, bei der wachsenden Sittenverderbniß der Welt, mit sechs Gefährten in die wilde Gebirgswüste La Chartreuse bei Grenoble zurückzog, um hier ein enthaltsames, arbeitsames und andächtiges Einsiedlerleben

in klosterähnlicher Form zu führen. Dies ist der Ursprung
des strengen Karthäuser=Ordens, welcher von dem Stammsitze
La Chartreuse den Namen erhielt und sich langsam, aber weit
und sicher über ganz Europa verbreitete. Jedes Kloster stand
unter einem Prior; alle Klöster aber, welche in (17) Pro=
vinzen getheilt waren, standen unter dem Prior der Mutter=
karthause La Chartreuse, welcher General des Ordens war.

Der Orden zeichnete sich vor allen andern durch große
Strenge, Enthaltsamkeit, Tüchtigkeit und Bildung aus. Außer
den herkömmlichen Mönchsgelübden hatten die Mönche die
Pflicht eines ewigen Stillschweigens, einer zurückgezogenen Ein=
samkeit, einer unverbrüchlichen Mäßigkeit, einer unverdrossenen
Arbeitsamkeit und einer ungeschminkten Frömmigkeit; sie muß=
ten, mit Ausnahme weniger, gewisser kurzer Zeiten, beständig
schweigen, und wenn sie redeten, möglichst kurz und nur das
Nothwendigste sprechen, vorherrschend allein in der einfachen
Zelle weilen, das Kloster ohne besondere Erlaubniß nicht ver=
lassen, unabläßig arbeiten und sich aller Fleischspeisen gänzlich
enthalten. Sie beschäftigten sich mit Hand= und Feldarbeit,
vorzüglich mit der Wissenschaft und mit Bücherabschreiben [1]),
außer mit dem vorgeschriebenen Gottesdienste. Was aber dem
Orden einen so hohen Ruhm verlieh, war, daß er mit stets
gleicher Gewissenhaftigkeit unverbrüchlich seine Ordensregel be=
wahrte, während die andern Orden im Laufe der Zeiten ihre
stiftungsmäßigen Vorschriften immer mehr und mehr vernach=
läßigten und ein Loch nach dem andern in ihre Satzungen
machten. Daneben aber war das Leben der Karthäuser, nach=
dem sich nach und nach ihre Einsiedeleien zu geschlossenen Klö=
stern ausgebildet hatten, wieder angenehm und gemüthlich, indem
ihnen, bei aller Strenge und Enthaltsamkeit, doch manche Be=
quemlichkeit, Annehmlichkeit und Freiheit in Wohnung, Umge=
bung und Beschäftigung gestattet ward. Alle zeichneten sich
durch eine gewisse Milde und Ruhe, durch geistige Bildung
und ächt christliche Frömmigkeit aus, und daher war ihr An=
sehen und ihr Ruf größer und reiner, als anderer Orden.
Aber die Festigkeit und Reinheit ihrer Regel war unverbrüch=
lich und die Strenge gegen Abtrünnige, Entlaufene und Un=
gehorsame hart und unerbittlich. Frauenklöster gab es wenig;
im Laufe der Zeit wurden sie ganz verboten. Der Umgang

---

1) Die Statuten sagen: „Quot libros scribimus, tot nobis veritatis
„precones facere videmur, sperantes a domino mercedem pro
„omnibus, qui per eos vel ab errore correcti fuerint, vel in
„catholica veritate profecerint etc.": So viel Bücher wir schrei=
ben, so viel Zeugen der Wahrheit schaffen wir.

mit Weibern war ganz untersagt; selbst Beichte durften sie
Weibern nicht abnehmen ¹). Die Karthäuser waren dem Um=
gange mit der Welt für immer entzogen und kamen nie wieder
aus ihrem eng beschränkten Gebiete. Im August 1404 be=
stimmten die visitirenden Prioren von Grünau und Nördlingen
die Grenzen ²) für die Brüder des Klosters Marienehe: die
Brüder konnten mit Erlaubniß des Priors in die Breite von
einer Pforte hinter dem Chore der Kirche bis an die nahe
Warnow und in die Länge von dem Dorfe Marienehe bis an
die Grenze des rostocker Gebietes gehen; diese beiden Grenzen
waren durch Gräben bezeichnet und schienen angemessen und
genügend; - jedoch ward dabei festgesetzt, daß sich dort keine
Weiber sehen lassen sollten. Der Prior erhielt die Erlaubniß,
acht Meilen weit umher von Marienehe reisen zu können. Die
Tracht der Karthäuser war ganz weiß mit einem schwarzen
Mantel. Noch im 18. Jahrhundert gab es viele Karthäuser=
klöster; jetzt sind sie fast ganz untergegangen.

Es war in der zweiten Hälfte des 14. Jahrhunderts, als
überall im gebildeten Europa und nicht minder in den mäch=
tigen und blühenden Hansestädten der Eifer für große und
dauernde Denkmäler alle Gemüther begeisterte; noch heute zeu=
gen die zahllosen Dome gothischen Baustyls für die Größe
dieser glanzvollen Zeit. In dieser Zeit, im Jahre 1396, stif=
tete ³) der rostocker Burgemeister Winold Baggel das Kar=
thäuser=Mönchskloster Marienehe, zu gleicher Zeit, als die jetzt
auch verschwundene St. Gertruden=Kirche vor Rostock erbauet
ward.

Winold Baggel stammte aus einem alten, vornehmen Pa=
triciergeschlechte der Stadt Rostock, welches sich durch Reich=
thum, Ansehen und Einfluß auszeichnete, und starb bald nach

---

1) Diese Hauptgrundsätze sind einer Sammlung der Statuta ordinis
Cartusiensis entnommen, welche im Jahre 1510 durch Johannes
Amorbach in Basel auf Kosten der Karthause bei Freiburg gedruckt
sind, nach einem Exemplare, welches früher der Karthause Marienehe
gehörte und jetzt im Raths=Archive zu Rostock aufbewahrt wird.
2) Für die Karthause bei Stettin dehnten am 19. Junii 1458 die
Prioren Timotheus von Marienehe und Gregorius von Arens=
böt („Templum Marie prope Lubek") bei der Visitation des Klo=
sters die Grenzen des Gebietes, in welchem sich die Mönche ergehen
durften, auch auf den Klostergarten aus (Mittheilung des Herrn
Archivars Dr. Klempin zu Stettin).
3) Die Stiftung des Klosters Marienehe hat der Professor Schröter
in Rostock nach Urkunden in den Beilagen zu den wöchentlichen Rostock=
schen Nachrichten und Anzeigen, 1826, Stück 19—24, S. 73—95,
dargestellt.

dem Jahre 1402; die Familie¹), welche einen längs getheilten Schild, rechts mit einem Hirschhorn, links mit drei Rosen als Wappen führte, starb²) am Ende des 16. Jahrhunderts aus. Winold Baggel war schon im Jahre 1378 Rathsherr zu Rostock und erscheint im Jahre 1393 als Burgemeister der Stadt. In seinen Aemtern entfaltete er in der schweren Zeit der Gefangenhaltung des Königs Albrecht von Schweden und in allen Hanseangelegenheiten eine große geschäftliche und kriegerische Thätigkeit und lieh auch zur Befreiung des Königs 500 Mark³). Die ganze Bewegung muß ihm, da Rostock in jenen Tagen eine sehr bedeutende Rolle spielte, sehr zu Herzen gegangen sein, da er unmittelbar nach der Befreiung des Königs (26. Sept. 1395) das Kloster Marienehe stiftete. Sicher ist diese Stiftung ein großes, ehrenhaftes Denkmal des Dankes für die Befreiung des Vaterlandes. Winold Baggel that, im Hinblick auf die Reinheit des Karthäuser-Ordens, das Edelste, was er thun konnte. Winold Baggel unternahm diese Stiftung in Gemeinschaft mit seinem Schwiegervater, dem patricischen Bürger Mathias von Borken zu Rostock; denn Winold Baggel war mit Maria von Borken verheirathet, mit welcher er sogleich nach der Stiftung den Bau des Klosters begann⁴).

Am Tage Marien Reinigung, 2. Februar, 1396 stiftete Winold Baggel die Karthause Marienehe, indem, nach den Worten der Urkunde, er, „der Burgemeister Winold Bag„gel und der Bürger Mathias von Borken zu Rostock, mit „freier und williger Zustimmung ihrer Verwandten und Erben,

---

1) Vgl. Lisch, Forschungen über einige rostocker Patricierfamilien in Jahrb. XI., Seite 187 und Lithogr. Tafel III.
2) In der großherzoglichen Bildergallerie zu Schwerin befindet sich ein gutes altes Bild auf Holz, welches ich vor vielen Jahren in einer dunkeln Kammer des alten Schlosses entdeckte, welches zu den wenigen alten Privatgemälden im Lande gehört und wahrscheinlich den letzten Baggel darstellt. Es stellt das Brustbild eines Mannes in schwarzem Pelzrock und Schaube dar und ist ungefähr in der Mitte des 16. Jahrhunderts gemalt. Links oben steht: AETATIS SVAE 59. Rechts oben steht das Wappen: ein längs getheilter Schild: rechts grünes Feld (oder blau) mit einem naturfarbenen Hirschhorn, links weißes Feld, jedoch so sehr abgewaschen, daß kein Wappenzeichen mehr darauf zu erkennen ist.
3) Vgl. Lisch a. a. O. S. 323.
4) In den dem Kloster Marienehe gehörenden Statuten des Karthäuser-Ordens steht mit alter Schrift geschrieben:
Anno domini 1396 hoc claustrum inceptum est per dominum Winoldum Baggele proconsulem Rostochii et Mariam Burken uxorem eius.
Vgl. Rostocker Etwas, 1739, S. 529, und Schröder P. M. I., S. 1618.

„um auf dem Eckstein, den Jesus Christus gelegt, fortzubauen, „dem allerhöchsten Gott und Könige, zu Ehren der Jungfrau „Maria und aller Heiligen, ihren Hof Mergene mit allen „Zubehörungen darbrachten, unter der Bedingung, daß auf die=„sem Hofe ein Kloster des Ordens der Karthäuser=Brüder „gebauet und in demselben für sie, als die ersten Stifter und „Gründer des Klosters, gebetet werde[1]". Nach der kurzen Chronik des Klosters war es neben Winold Baggel zunächst dessen Frau Maria von Borken, welche die Stiftung beförderte und wahrscheinlich ihr Eingebrachtes dazu hergab. Die Stif= tung geschah vor den beiden andern Burgemeistern und vier Rathsherren der Stadt, so wie dem Stadtprotonotar Conrad Römer, Vikar an der Marienkirche und Domscholasticus zu Schwerin, welcher die Stiftung beförderte, und anderen Zeugen.

Am 27. Februar 1396 gab Albrecht, König von Schwe= ben und Herzog von Meklenburg, seine „königliche Einwilli= gung"[2] („consensum regium") zu dieser Stiftung eines Karthäuserklosters zu „Merghenew", voll Lobes der Karthäu= serbrüder, als der tapfersten Streiter aus Israel, und in dem Glauben, daß Gott, der ihn für seine Sünden in die Gewalt und Gefangenschaft seiner Feinde habe fallen lassen, ihn für die Beförderung der ankommenden Brüder nach seiner Heim= kehr durch die Gebete derselben erquicken und stärken werde.

Die Stiftung und Bestätigung des Klosters im Monat Februar 1396 geschah sicher nicht ohne Berücksichtigung der zweiten Vermählung des Königs Albrecht mit der Prinzessin Agnes von Braunschweig, welche in demselben Monate gefeiert ward: die Stiftung war ein würdiges Hochzeitsgeschenk und ein glänzendes Zeugniß für die Treue der rostocker Rathsge= schlechter gegen ihren Fürsten.

In den Stiftungsurkunden wird der Hof, auf welchem das Kloster gegründet ward, Mergene und Merghenew ge= nannt: und dies war der alte Name des Dorfes. Der Pro= fessor Schröter[3] hat in dem rostocker Archive 10 Urkunden über dieses Dorf vor der Zeit der Stiftung des Klosters er= forscht, in denen es von 1333 bis 1395 immer Mergenewe und Mergnew genannt wird. Der Name ist sicher wendisch und mag mit dem wendischen Personennamen Miregnew, welcher in meklenburgischen Urkunden, z. B. in der Darguner

---

1) Die Stiftungsurkunde ist gedruckt von Schröter a. a. O. S. 86, Nr. 1.
2) Gedruckt bei Schröter a. a. O. S. 88, Nr. II.
3) Vgl. Schröter a. a. O. S. 83 flgb.

Urkunde von 1173, nach einem andern slavischen Dialekte Mirograv¹) geschrieben wird, gleich sein und dann: „Sanftgroll" bedeuten (vgl. Kosegarten Codex Pomer. 1., S. 31 u. 88); die wendischen Personennamen kommen auch als Ortsnamen vor. Der Ort Mergnew war 1333 ein Lehn der abligen Familie von Barnekow, welche es damals an rostocker Patricier zu veräußern anfing. Im Jahre 1393 verkaufte der rostocker Bürger Wanzeberg die eine Hälfte und im Jahre 1395 der Ritter Mathias von Axekow die andere Hälfte des Dorfes und Hofes Mergnewe an den Burgemeister Winold Baggel, und im Jahre 1395 verkaufte dieser wieder diese Hälfte an den rostocker Bürger Mathias von Borken. Von diesen beiden ging daher der Besitz an das neu gestiftete Kloster über.

Am 8. September 1396 bestätigte der zuständige Bischof Rudolf von Schwerin die junge Pflanzung²), verlieh ihr einen Ablaß und hob dieselbe mit besonderer Feierlichkeit hervor. Der Bischof Rudolf war ein Herzog von Meklenburg, ein Sohn des Herzogs Johann I. von Meklenburg-Stargard, welcher lebhaft für die Befreiung des Königs Albrecht gerungen hatte, also war Rudolf ein Vaterbrudersohn des Königs Albrecht. Die Stiftung ward besonders durch die mit dem Könige Albrecht in Schweden gefangenen Fürsten begünstigt. Rudolf sagt in der Bestätigungsurkunde selbst, daß der König Albrecht und dessen Sohn Erich, der Graf Günther von Lindow, sein Oheim, der Graf Albert von Holstein und er selbst in die harte Gefangenschaft der Königin Margarethe gefallen seien, und hiemit stimmt auch Detmar's Lübische Chronik³) wörtlich überein. Rudolf war früher durch die Beförderung des Königs Bischof von Skara⁴) in Schweden geworden, verlor aber das Bisthum 1389 durch seine Gefangenschaft, ward jedoch 1390 zu dem eröffneten Bisthum Schwerin befördert. Der Bischof Rudolf bekennt in der Bestätigungsurkunde, daß ihn vorzüglich der Graf Günther von Lindow, sein Oheim, mit andern hohen Personen angelegen habe, den Karthäusern, welche von verschiedenen Fürsten begünstigt würden, Eingang in das Land zu verschaffen, und der Graf Günther war persönlich bei der Bestätigung in Rostock gegenwärtig.

---

1) So gebt z. B. auch der alte Stadtname Gnevesmolen schon früh oft in Grevesmühlen über.
2) Vgl. Schröter a. a. O. S. 90, Nr. III.
3) Vgl. Detmar's lübische Chronik, von Grautoff, S. 344 und 369.
4) Vgl. Schröter P. M. 1., S. 1592, und Rudloff M. G. II., S. 526 und 518.

Weil nun auch, wie der Bischof sagt, „der Orden der Kar=
„thäuser=Brüder unter allen Orden wie ein Stern im Morgen=
„nebel strahle und wie das anbrechende Morgenroth erglänze",
so bestätigte er die Schenkung des Gutes **Merghene** und
eines Hauses in der Stadt Rostock, welches das neue
Hospital heiße, an den Karthäuser=Orden, damit dem ganzen
Vaterlande, dem Lande Meklenburg und den angrenzenden
Ländern Heil aus der Stiftung erwachse, die Segnung des
Friedens aufblühe und die Tugend sich mehre, und befreiete
das künftige Kloster von der bischöflichen Gerichtsbarkeit und
Oberaufsicht [1]), überließ also dadurch die obere Leitung dem
General des Ordens. Der Bischof legte in der Bestätigungs=
urkunde dem Kloster zwar den Namen **Himmelszinnen**
(„Celi moenia") bei, gab aber in der Urkunde selbst weit=
läuftig eine so gewandte etymologische Deutung des wendischen
Namens **Mergene**, daß der Name Himmelszinnen nie in
Gebrauch kam; er sagt nämlich: „Mergene lautet auf deutsch
„Marien—ee, das ist auf lateinisch Mariae lex; das latei=
„nische Wort moenia (Mauer) komme von **munio** (befestigen)
„her; weil nun Marien Gesetz eine wahre Himmels=
„mauer (celicus murus) ist, so hat der Name Celi moenia
„(Himmelszinnen) gleiche Bedeutung mit Lex Mariae
„(Marienehe)." Er schließt in dieser langen Etymologie,
welche in einer Urkunde gewiß sehr selten ist, so: Mergene ist
so viel als Marienehe, Marienehe aber ist eine wahre Him=
melszinne, also ist Mergene auch eine Himmelszinne. Die
Erklärung von Mer—gnewe oder Mer—genewe oder Mer=
genê durch Mergen—êwe oder Mergen—ê ist eigentlich
keine Etymologie, sondern nur ein Wortspiel. Der Name
Maria ward im Niederdeutschen oft Mergen— ausgesprochen,
und althochdeutsch êwa, mittelhochdeutsch êwo oder ê, neuhoch=
deutsch ehe, bedeutet: Satzung, Gesetz, Religion, Orden.
Daher konnte man leicht dazu kommen, das wendische Wort
Mergen—ê durch Marien=Gesetz oder Marien=Orden zu
deuten; die wörtliche lateinische Uebersetzung hievon ist aber Lex
Mariae. — Dieser Name Marienehe fand so viel Beifall, um
so mehr, da er dem alten wendischen Namen ziemlich ähnlich
war, daß der Name Himmelszinnen gar nicht aufkam, son=
dern seit dem Jahre 1404 auch in Urkunden und Siegeln [2])

-1) „Quod ab omni nostri pontificalis iuris cohercione est exemp-
tum", nach der Bestätigungsurkunde bei Schröter a. a. O.
2) Auf dem Umschlage der Rostockschen Chronik von 1310—1314, oder
Beiträge zur Meklenburg. Geschichts = Kunde, Heft 1, Rostock 1826,
hat Schröter das alte Siegel des Klosters Marienehe in Holzschnitt

nur der Name Marienehe gebraucht¹) ward. Der Hauptgrund für die Beibehaltung dieses Namens lag aber sicher in der Aehnlichkeit mit dem alten wendischen Namen Mergenê, und wir sehen, daß noch in jungen Zeiten die Geistlichkeit alte Namen dazu benutzte, um kirchliche Begriffe hineinzutragen, wie es bei der Einführung des Christenthums geschah. — Noch heute hört man im Volke den Namen des Gutes Marnê aussprechen.

Der Bau des Klosters ward wahrscheinlich gleich in Angriff genommen. Zur Aufnahme der ersten Mönche diente ohne Zweifel das Neue Hospital in der Stadt Rostock. Am 3. März 1399 schenkte der rostocker Stadtprotonotar Conrad Römer, Dom=Scholasticus zu Schwerin, welcher die Gründung des Klosters eifrig beförderte und allen Stiftungshandlungen beigewohnt hatte, mit seinen Brüdern Heinrich, Vikar an der St. Georgenkirche, und Matthäus, Nicolaus und Albert, Rathsherren zu Parchim, dem Rector des neuen Klosters Himmelszinnen („Celi menia") Johann Schelp, ohne Zweifel dem ersten Prior, zur Ausführung des Unternehmens („novi monasterii — — ad constituendum incepti") der auf dem Landgute „Mariene" zwischen Warnemünde und Rostock wohnenden Karthäuserbrüder 11 Mark rostocker Pfenninge jährlicher Hebungen aus dem Dorfe Evershagen²) bei Marienehe. In den Jahren 1404 und 1405 ward das Kloster dem Orden wirklich einverleibt³); damals wird also der Bau schon vollendet gewesen sein.

In der Schrift hat das Kloster immer den Namen Marienehe geführt. An dem Orte selbst wird aber der Name noch heute nur „Margnê" ausgesprochen und der deutlich ausgesprochene Name „Marien=Ehe" ist schon in den nächsten Dörfern unbekannt und unverständlich. Noch vor etwa 40 Jahren lautete auch in Rostock der Name nur „Marnê" und die Aufnahme der in Rostock jetzt deutlich ausgeprägten Form „Marien = Ehe" ist nur eine Folge moderner wissenschaftlicher und polizeilicher Bestrebungen.

Der jetzige Wirthschaftshof hat nur junge, leicht aufgeführte Gebäude. Von dem Kloster ist keine Spur mehr vor-

abdrucken lassen; es ist ein rundes Siegel mit dem stehenden Bilde der Jungfrau Maria mit dem Christkinde und der Umschrift: S. LEX. MARIA. hVMILITAS (Sit (?) lex Mariae humilitas: Marien-Ordnung sei Demuth).

[1] Vgl. Schröter a. a. O. S. 86.
[2] Vgl. Schröter a. a. O. S. 94, Nr. IV.
[3] Vgl. Schröter a. a. O. S. 86.

handen. Dicht hinter und neben dem Hofe, nach der Warnow hin, liegt eine ausgedehnte, wüste, erhöhete Grasebene, auf welcher einige Obstbäume stehen. Diese Stelle heißt jetzt die „Wildniß" und kann noch nicht beackert werden, weil der Boden voll Schutt und Fundamentsteinen liegt. Hier hat das Kloster gestanden. Es liegen noch einzelne Mauerziegel und Bruchstücke von Mönchsdachziegeln aus weiß gebranntem Thon umher, welche aber aus jüngern Zeiten stammen können. Von sicher alten Ueberresten fand sich im Jahre 1861 nichts weiter, als ein halber modellirter Ziegel von roth gebranntem Thon von einem Kirchenpfeiler. Unterhalb und unmittelbar neben dieser Ebene liegt ein kleiner Teich, welcher durch einen kleinen Bach gespeiset wird; an diesem Teiche, welcher noch jetzt der „Mühlenteich" genannt wird, lag in alten Zeiten die Klostermühle[1]), und der Teich hat seinen Abfluß in die Warnow durch den Mühlbach. Unten tief an der Warnow liegt eine Wiese, in welcher eine kleine, feste Erhöhung bemerkbar ist. Hier mag in alten Zeiten, als Margnö noch Lehngut war, ein Rittersitz gestanden haben. Von dem Hofe hat man eine prächtige Aussicht über die Warnow hinauf nach der stolzen Stadt Rostock, welche vor den Blicken ganz ausgebreitet liegt, so wie von Rostock aus die Aussicht über die Warnow hinab durch den Hof im Hintergrunde geschlossen wird.

Im Jahre 1447 verschrieb das Kloster Marienehe einem Sohne des Stifters Burgemeisters Winold Baggel, welcher ebenfalls Winold Baggel hieß, eine ewige Präbende und die Wohnung und steinerne Zelle bei dem Klosterthore am Eingange auf dem Hofe mit Feuerung zur Benutzung auf Lebenszeit für seine Person, um darin „göttlich, ehrlich, friedlich, demüthig und rein" sich aufzuhalten.

So hatte die Stadt Rostock im Anfange des 15. Jahrhunderts eine sehr große Geistlichkeit, wie eine große Stadt sie zu haben pflegte, vier Pfarren, St. Petri, St. Nicolai, St. Marien und St. Jacobi, mit zahlreichen Geistlichen, ein St. Georgen-Hospital, ein H. Geist-Hospital, eine St. Gertruden-Kirche, ein Franziskaner-Mönchskloster zu St. Katharinen, ein Dominikaner-Mönchskloster zu St. Johannis, ein Cistercienser-Nonnenkloster zum H. Kreuz, in nicht großer Ferne das Cistercienser-Mönchskloster Doberan mit einem großen Hofe

---

1) Schon in einer Urkunde vom Jahre 1376 bei Schröter a. a. O., S. 83 flgb. und wiederholt wird: „Merghenewe vnde de hof, de „dar to licht, — — myd den molen, beyde watermolen vnde „wintmolen", genannt.

in der Stadt Rostock und in unmittelbarer Nähe das Kar=
thäuser = Mönchskloster Marienehe mit einem Hause in Rostock.
Die Karthause Marienehe war das einzige Kar=
thäuser = Kloster in den mecklenburgischen Landen. Die Kar=
thäuser = Klöster, deren im Anfange des 16. Jahrhunderts 191
waren, waren in Norddeutschland überhaupt selten, da es hier
deren nur acht gab, in folgender Reihenfolge: Gottes = Gnade
bei Stettin, Marien=Paradies bei Danzig, Marien=Kloster bei
Hildesheim, Gottes = Barmherzigkeit bei Frankfurt a. O., Ma=
rien = Tempel zu Arensbök, Marien = Ehe bei Rostock, Marien=
Kron in Pommern, Gottesfriede bei Schievelbein in der Neu=
Mark (und Marien=Friede in Schweden)¹). Die der Karthause
Marienehe zunächst gelegenen Karthausen in den Nachbarlän=
dern waren die Klöster zu Stettin²) in Pommern, welches
als das älteste in der Provinz Sachsen aufgeführt wird, und
Arensbök in Holstein. Woher die ersten Mönche nach Ma=
rienehe kamen, läßt sich urkundlich nicht ermitteln. In Prag
soll ein altes Karthäuser=Kloster gewesen sein, von welchem erst
1380 die Karthause Marien = Paradies bei Danzig und um
1396 die Karthause bei Frankfurt a. O. gestiftet sein soll.
Die Karthause Gottes=Gnade bei Stettin ward am 21. Ja=
nuar 1360 durch den Herzog Barnim III. gestiftet und am
8. Februar 1360 zu Prag durch den Kaiser Carl IV. bestä=
tigt³). Erst um das Jahr 1441 ward die Karthause bei

---

1) Ein Anhang der gedruckten Statuta ordinis Cartusiensis, Basel 1510,
zählt alle Karthäuserklöster auf und unter diesen auch:
Nomina prouinciarum et domorum ordinis Cartusiensis:
Prouincia Gebenensis.
Domus Cartusie.

Prouincia Alemanie inferioris
1. Domus Noue Celle in Grunau in Franconia.

7. Horti Christi prope Nordlingen.

Prouincia Saxonie.
1. Domus Gratie Dei prope Stetin.
2. Paradisi Marie in Pruscia (Danzig).
3. Claustri Marie prope Hildesheim.
4. Misericordie Dei prope Franckenford.
5. Templi Marie prope Lubeck (Arensbök).
6. Legis Marie prope Rostock.
7. Corone Marie in Pomerania.
8. Pacis Dei prope Schieuelben in Noua Marchia.
9. Pacis Marie in Regno Schwecie.
2) Vgl. Schröder P. M. II., S. 1711.
3) Nach den gütigen Mitth. des Herrn Archivars Klempin zu Stettin.

Schievelbein¹) in der Neumark gegründet. Die Mönche zu Marienehe waren aber wahrscheinlich aus Mitteldeutschland gekommen, da die Prioren von Neuen = Zelle zu Grünau in Franken und von Christi = Garten bei Nördlingen im August 1404 in Marienehe waren, um die Grenzen festzustellen. Wahrscheinlich wird die Karthause bei Hildesheim das Mutterkloster von Marienehe gewesen sein, da die letzten Handlungen der letzten Brüder von Marienehe in den Jahren 1565 und 1576 in der Karthause bei Hildesheim geschahen. Die Erkenntniß würde bedeutend gefördert werden, wenn man wüßte, wer der Bischof von Laodicaea („episcopus Laodicensis") war, welcher bei der bischöflichen Bestätigung des Klosters Marienehe am 8. September 1396 in Rostock gegenwärtig war und kirchlichen Antheil an der Stiftung gehabt zu haben scheint.

Wenn aber Schröter²) meint, daß die ersten Mönche von Marienehe aus der Karthause Arensbök in Holstein, nicht weit von Lübek, gekommen seien, so läßt sich dies, nachdem die Urkunden³) des Klosters Arensbök in den neuesten Zeiten bekannt geworden sind, nicht unbedingt annehmen und das Verhältniß aufklären. Zwar ist es nicht zu leugnen, daß die Karthausen zu Marienehe und Arensbök in innigem Zusammenhange standen und enge Verbindungen schlossen; aber es ist gewiß, daß die Karthause zu Arensbök in der Stiftung etwas jünger ist. Am 1. Februar 1386 wollte der Graf Adolf von Holstein mit Jacob Krumbek, Domherrn zu Schwerin, Lübek und Hamburg und Archidiakonus zu Triebsees, an der Pfarrkirche zu Arensbök ein Jungfrauenkloster stiften, welches nach dem Testamente Krumbek's vom 14. December 1387 ein Prämonstratenser=Nonnen=Kloster sein sollte. Aber am 20. Mai 1397 bewilligte der Herzog Gerhard von Holstein, nach dem Tode Adolf's, unter Zustimmung der Testaments = Vollstrecker des Jacob Krumbek, daß, weil die Stiftungsschenkung zu einem Prämonstratenser = Nonnen = Kloster nicht ausreichend zu sein scheine, dafür ein Karthäuserkloster gestiftet werde, und am 2. November 1399 legte der Bischof Johann von Lübek die Pfarrkirche zu Arensbök zu dem Karthäuserkloster „Marientempel" („Templum Mariae"). Es ist also unzweifelhaft, daß das Kloster Arensbök urkundlich später gestiftet ist, als Marienehe; freilich ist jenes nur ein Jahr jünger, als dieses. Es scheint vielmehr, daß das Kloster Arensbök in Ver-

---
1) Vgl. Baltische Studien, IX., H. 2, S. 63 und 71.
2) Vgl. Schröter a. a. O. S. 86.
3) Vgl. Schleswig=Holst.=Lauenb. Urkunden=Sammlung, Bd. III., Abth. 1, Diplomatarium des Klosters Arensbök, Kiel, 1852.

anlassung der Stiftung von Marienehe gegründet ist, da ein schweriner Domherr die Güter zur Stiftung hergegeben hatte und der Graf Albert von Holstein, ein Bruder des Grafen Gerhard und ein naher Verwandter des meklenburgischen Fürstenhauses, unter den schwedischen Gefangenen fürstlichen Ranges war, für deren Befreiung die Karthause Marienehe gestiftet ward. So erscheint die Stiftung der beiden Karthausen zu Marienehe und Arensbök, welche während ihres Bestehens eng an einander hielten, als eine politische Handlung in Folge ungewöhnlich großer Begebenheiten. Dennoch wird die Karthause Arensbök, welche schon eine Kirche fertig fand, früher fertig geworden und eingeweihet sein, da in den Fasten 1400 die vorhandenen Mönche von Marienehe den Wirthschaftshof zu Marienehe mit 3½ Hufen an Claus Brandes zu „Bauerrecht und zu Pacht" mit Bewilligung des anwesenden „Priors" Johann von Arensbök verkauften, während der im Werden begriffenen Karthause Marienehe nur noch ein „Rector" vorstand. Daher hat Arensbök auch immer den Vorrang unmittelbar vor Marienehe.

Dieses innige Verhältniß zwischen Marienehe und Arensbök wird auch durch die besondere Theilnahme erhellt, welche das meklenburgische Fürstenhaus dem Karthäuserkloster Arensbök schenkte; nach allen Anzeichen waren die Fürsten auch der Stiftung dieses Klosters behülflich und blieben mit demselben in engem Verkehr. Im J. 1477 bat der Karthäuser Vicke Dessin, wahrscheinlich ein Meklenburger von Geburt, welcher 1481 Prior zu Marienehe ward, den Herzog Magnus von Meklenburg um die Erfüllung des Versprechens, der Kirche zu Arensbök die gelobten gemalten Fenster und Hülfe zu den Gewölben mit Gewölbeschildern, alle mit den Wappen der Herzoge von Meklenburg[1]), zum Gedächtniß seines (am 9. März 1477 gestorbenen) Vaters, des Herzogs Heinrich IV., zu schenken, wie solche „der König und die Königin" geschenkt hätten, welche der Herzog Magnus selbst gesehen habe. Unter dem „Könige und der Königin" sind wahrscheinlich der König Albrecht[2]) von Schweden, Herzog von Meklenburg, und dessen Gemahlin Agnes von Braunschweig zu verstehen,

---

1) Vgl. Jahrb. des Vereins für meklenburg. Geschichte u. Alterth. XVI., S. 6.
2) Der König Albrecht und dessen Gemahlin Agnes, im Anfange des 15. Jahrhunderts, scheinen den Kirchen oft gemalte Fenster, in der guten Zeit der Glasmalerei, geschenkt zu haben; leider ist davon nichts übrig geblieben. Nach einer jüngst aufgefundenen Nachricht hatten sie auch dem Claren-Kloster zu Ribnitz gemalte Fenster mit ihren Bildnissen und Wappen geschenkt.

und nicht der König von Dänemark. — Zu gleicher Zeit nahm das Kloster Arensböf den Herzog Magnus und dessen Mutter, die verwittwete Herzogin Dorothea, in die Fraternität des Klosters auf, worüber Vicke Dessin die Urkunde mitschickte. Im Jahre 1493 gab auch das Generalcapitel der Karthäuser dem Herzoge Magnus und dessen Bruder Herzog Balthasar einen Fraternitätsbrief, ohne Zweifel zur Belohnung ihres Eifers für die Karthause Marienehe.

Nach der Vollendung des Klosters wirkten die Karthäuser zu Marienehe unerschütterlich und thätig in stiller und verehrungswürdiger Betriebsamkeit fort, ohne daß große und laute Begebenheiten ihren Gang verkündigten.

Für den eigenen Fleiß und den Beifall der Welt zeugen die reichen Besitzungen, welche die Karthause Marienehe im Laufe eines Jahrhunderts erwarb. Nach Verzeichnissen aus der Zeit des Unterganges des Klosters besaß das Kloster folgende Dörfer: in Meklenburg: Marienehe, Schutow, Sievershagen, Evershagen, Elmenhorst, Stove, Mönchhagen, Pastow, Gr. Reez, Kl. Reez, alle bei Rostock, gelegen; im Fürstenthume Rügen: Devin, ganz, Muncks, Cordshagen, zum größern Theile, Schmedeshagen, Hohendorf, Teschenhagen, Lüssow, Brandeshagen, Arendsee, Lübershagen, zum Antheile, alle bei Stralsund gelegen; auf der Insel Rügen: Götemitz, ganz, und außerdem in Meklenburg viele kleinere Hebungen. Für den großen Reichthum des Klosters zeugt schon der Umstand, daß der Professor Schröter über 400 Urkunden [1]) des Klosters, welches nur 150 Jahre bestand, gesammelt hat.

Das Kloster ward in den 150 Jahren seines Bestehens von 15 Prioren regiert, welche der Professor Schröter aus den Urkunden des Klosters namhaft [2]) gemacht hat. Bei dem hohen Range, den das Kloster einnahm, gehörten die Prioren zu den Prälaten [3]) der Landstände.

Kaum war das Kloster im Bau vollendet und eingerichtet, als für dasselbe und für die Stadt Rostock ein Ereigniß von der größten Wichtigkeit eintrat: am 12. November 1419 ward die Universität zu Rostock [4]) gegründet. Bei dem wissenschaftlichen, gebildeten und vorurtheilsfreien Streben der Kar-

---

1) Vgl. Schröter Beiträge, S. IX.
2) Vgl. Schröter Beiträge, S. IX.
3) Vgl. Krabbe Geschichte der Universität Rostock, I., 1854, S. 103, Not. 1.
4) Das Original der Stiftungsurkunde vom 12. November 1419 ist in neuern Zeiten in Stockholm aufgefunden und im Anzeiger des German. Museums zu Nürnberg, 1860, December, Nr. 12, S. 446, gedruckt

thäusermönche konnte diese Stiftung nur belebend auf das Kloster einwirken, wie umgekehrt der Glanz des Karthäuserklosters wohlthuende Wirkungen auf die Universität hervorbringen mußte. Dies zeigte sich auch sehr bald, indem in den Zusatzartikeln zu den Universitäts=Statuten bestimmt ward, daß für den Fall eintretender Streitigkeiten zwischen dem Concil der Universität und dem Rath der Stadt Schiedsmänner von beiden Theilen zusammentreten sollten, und wenn diese nicht einig werden könnten, der Prior des Karthäuserklosters Marienehe¹) oder der Abt von Doberan der Obmann sein solle, bei dessen Entscheidung es unter allen Umständen verbleiben müsse. Dadurch war auch der Prior von Marienehe veranlaßt, in genauem Zusammenhange mit der Universität zu bleiben.

Diesem wichtigen Ereignisse folgte um die Mitte des 15. Jahrhunderts ein anderes, welches für die Bildung in Rostock und Marienehe von der größten Bedeutung war. Um das Jahr 1462 siedelten sich in Rostock die Brüder vom gemeinsamen Leben²) an und baueten sich hier ein Kloster des Grünen Hofes zu St. Michael. Diese Brüder, wenn auch freier in ihrer Regel, standen den Karthäusern sehr nahe, indem auch sie auf werkthätige Tugend, Demuth und Arbeitsamkeit angewiesen waren und sich einer klaren Bildung und Gottesfurcht befleißigten. Sie waren auch zum Unterricht der Jugend verpflichtet und errichteten im Jahre 1475 die erste Buchdruckerei in Meklenburg, aus welcher namentlich viele Ausgaben von Kirchenvätern, erbauliche Schriften und Bücher zum Kirchendienste hervorgingen. Diese Brüder vom gemeinsamen Leben, welche mit den Karthäusern so sehr übereinstimmten, waren diesen sicher in vieler Hinsicht dienstbar und nützlich, und daher erklärt sich auch der verhältnißmäßig große Reichthum der Bibliothek³) der Karthäuser zu Marienehe, welche, noch ziemlich erhalten, durch die Marien=Bibliothek in neuern Zeiten in die Universitäts=Bibliothek zu Rostock übergegangen ist.

Der Geist des Karthäuser=Ordens und der Brüder vom gemeinsamen Leben offenbart sich überall als ein klarer, frommer,

---

1) Vgl. Krabbe a. a. O. S. 108. Nach den ältesten Statuten der Universität: „Isset dat sie dat vneindrechliken affseggen, so schall „ein prior tho den Carthusern tho Marien Ehe, vnde „ofte men en nicht vermochte, ein abbet van Dobberan ouer- „man wesen, vnd — dar schall idt by bliuen."
2) Vgl. Lisch Geschichte der Buchdruckerkunst in Meklenburg in Jahrb. IV., S. 1 flgd.
3) Vgl. Lisch a. a. O. S. VIII., flgd. und S. 150.

werkthätiger, fester Geist. Als die Weltgeistlichkeit und die
übrigen Mönchsorden gegen das Ende des 15. Jahrhunderts
immer tiefer sanken und das Drängen nach einer „Refor=
mation" der Ordensregeln im Anfange des 16. Jahrhunderts
schon vor der lutherischen Reformation durchbrach, standen fast
nur die Karthäuser und die Brüder vom gemeinsamen Leben
fest auf ihrem Standpuncte. Hievon giebt ein merkwürdiger
Vorgang ein auffallendes Beispiel und zugleich einen klaren
Blick in das Leben und die Gesinnung der Karthäuser. Im
Jahre 1477 lebte in der Karthause Arensbök ein Mönch
Vicke Dessin, ohne Zweifel ein meklenburgischer Edelmann,
aus der alten adeligen Familie von Dessin, welcher in seinen
jungen Jahren an dem meklenburgischen Fürstenhofe gedient
hatte; er selbst sagt zu dem Herzoge Magnus von Meklenburg,
daß er „der Herzoge eigen Mann geboren und von ihnen allen
„von seinen jungen Jahren an in ihrem Lande erhalten („böbet"
„= ernährt) und in ihrem Dienst gewesen" sei. Als er im
Jahre 1477 den Herzog um die gelobten gemalten Fenster und
Gewölbe für die Kirche zu Arensbök mahnte und demselben
einen Fraternitätsbrief seines Klosters übersandte, nahm er die
Gelegenheit wahr, dem Herzoge ins Gewissen zu reden. Des
Herzogs Magnus Bruder Johann war mit der pommerschen
Princessin Sophie verlobt gewesen. Nachdem der Herzog Jo=
hann auf einer Reise nach Rom und Jerusalem, die er mit
seinem Bruder Magnus unternommen hatte, gestorben war,
that die Braut das voreilige Gelübde einer immerwährenden
Jungfrauschaft. In der Folge begehrte der Herzog Magnus
die Princessin zur Gemahlin, fand aber Hindernisse in ihrem
Gelübde. Er fragte viele Rechts= und Kirchenlehrer um Rath
und beauftragte auch den Vicke Dessin, mit den Prälaten und
Doctoren in Lübek über den Fall zu reden. Dies that auch
Dessin, rieth aber von der Verlobung ab, vorzüglich weil sie
gegen die öffentliche Ehrbarkeit sei[1]). Dabei schärft er dem
Herzoge ungefähr Folgendes ein: „Eure fürstliche Gnade be=
„trachte doch die Kürze, Fährlichkeit und Betrüglichkeit dieser
„Welt. Gott sieht nicht die Person an, sondern nur den, der
„Gutes thut und seine Gebote hält. Darum muß auch Eure
„fürstliche Gnade die Gebote Gottes halten und Rechtfertigkeit
„im Gericht üben ohne Liebe, Freundschaft, Gabe und Furcht,
„denn Ihr seid über Land und Leute gesetzt, daß Ihr Gott
„Rechenschaft davon gebt. Was hilft kurze Fröhlichkeit, großes
„Gut, gesunder Leib und Schönheit, was hilft große Herr=

---

1) Vgl. Jahrb. XVI., S. 3 flgb.

"schaft, ohne ewige Fröhlichkeit, Gesundheit und das was ewig "ist? Was hilft es, zu Rom gewesen zu sein und zu "Jerusalem und Gelübde gethan zu haben, ohne gebessert "zu sein und das Gute in Werken vollbracht zu haben? Von "der heiligen Schrift und der Wahrheit, die Gott selbst "ist, darf Niemand weichen, der selig werden will; ohne Ar= "beit, Rechtschaffenheit, Demuth und Befolgung der "Gebote Gottes kann Niemand selig werden, und dies ist nur "durch Arbeit zu erwerben. Wer hier das Kreuz nicht mit "guten Thaten trägt und es nicht liebt, dem wird es nach "diesem Leben allzuschwer. Eure fürstliche Gnade kann dadurch "noch mehr Frucht schaffen, wenn Ihr die geistige Freiheit "in Eurem Lande befördert und die Klöster in Euren Landen "zu recht setzet und reformiren helft; denn die lassen sich dün= "ken, sie leben in der Wahrheit und sind doch in großer Fähr= "lichkeit. Durch rechte Befolgung der Regeln kann man mehr "verdienen, als durch (sogenannte) kirchliche gute Werke, Beten, "Fasten und Opfer."

Diese eindringliche Ermahnung ist zugleich ein klarer Aus= druck der Gesinnung und des Strebens der Karthäuser. Sie forderten die Erfüllung der Gebote Gottes durch Rechtschaffen= heit, Arbeit und Demuth, durch gute Thaten, verachteten aber die sogenannten guten Werke, welche nur in der Uebung gottes= dienstlicher Vorschriften und Gebräuche bestehen, in Beten, Fasten, Opfern. Dadurch standen die Karthäuser, welche ein apostolisches Leben zu führen trachteten, in feindlichem Gegen= satze mit der ganzen übrigen Geistlichkeit, welche nur die Aeu= ßerlichkeit der sogenannten guten Werke forderte und beförderte und die Gebote Gottes nicht erfüllte. Deshalb drang Vicke Dessin auf Reformation der übrigen Klöster, um mehr from= mes Leben zu erwecken.

Nur eine geistliche Gesellschaft nahm Vicke Dessin in Schutz, die Brüder vom gemeinsamen Leben in Rostock. Er sagt weiter: "Eure fürstliche Gnade helfe um Gottes willen "den armen Brüdern zu Rostock, welche die gemeinen Brü= "der heißen, die ein gutes, seliges Leben führen und leben "nach der Apostel Leben; darum haben ihnen die bösen Geist= "lichen den Spottnamen "Kollbrüder" gegeben; diese empfehle "ich Eurer Gnaden in ihrer Noth, denn viele böse Geistliche "sind ihnen nicht gut." Diese Gesinnungen zeigen klar den Zustand in der Geistlichkeit und in den Klöstern Rostocks, und man wird sich die Verhältnisse noch klarer vorstellen können, wenn man erfährt, daß eben dieser Vicke Dessin bald dar= auf zum Prior der Karthause Marienehe (1481—

1485)¹) berufen ward, und um dieselbe Zeit die Brüder vom gemeinsamen Leben anfingen, durch ihre Buchdruckerei und durch Unterricht eine große Thätigkeit zu entfalten.

Jedoch folgte der Herzog Magnus nicht ganz den Rathschlägen Dessin's, sondern setzte mit der Geistlichkeit unter heftigen Kämpfen im Jahre 1487 die Errichtung eines Domcapitels an der Jacobi-Kirche zu Rostock durch. Diese Vermehrung der Geistlichkeit durch hohe Würdenträger war den Rostockern doch zu viel, und es ist urkundlich beglaubigt, daß die Brüder vom gemeinsamen Leben die Errichtung nicht billigten und den Rostockern gegen die Herzoge anhingen²). Auch ward in Marienehe über die Errichtung des Domcapitels verhandelt.

Nach Vicke Dessin regierten noch drei Prioren die Karthause Marienehe, bis der gewaltige Sturm der lutherischen Reformation losbrach.

Die lutherische Reformation in Meklenburg ging von Rostock aus, wo sie sich theils durch den entschiedenen Willen der Bürgerschaft, theils durch den dort gepflegten Geist der Wissenschaft früh und sicher Bahn brach. Nachdem der Capellan Joachim Slüter an der Petri-Kirche schon im Jahre 1523 angefangen hatte, das Evangelium muthig und laut zu predigen, und im Jahre 1528 die Ehe eingegangen war, konnte der Fortschritt nicht mehr gehemmt werden, namentlich nachdem Slüter am Pfingsttage 1532 den Märtyrertod durch Gift gestorben war. Einer so starken Bewegung konnte der Rath, der in sich noch nicht einig war, nicht widerstehen. Nachdem schon seit 1529 auf Anbrängen der Bürgerschaft an allen Pfarrkirchen evangelische Prädicanten zugelassen waren, ward am Tage vor Palmsonntag, den 1. April 1531, bei der gesammten Geistlichkeit der papistische Gottesdienst obrigkeitlich abgeschafft³) und im Jahre 1534 wurden das Dominikaner-Kloster und das Franziskaner-Kloster aufgehoben und eingezogen. Das Domcapitel zu St. Jacobi hielt sich freilich noch einige Zeit in seinen Gliedern der Form nach, aber in die Jacobi-Kirche ward sogleich der protestantische Gottesdienst eingeführt. Die letzten Domherren suchten ihre alte Rolle fortzuspielen, namentlich der giftigste aller Papisten in Rostock, der Magister Dethlev Dancquardi⁴), Vice-Dechant des Domstifts, Official des Archidiakonats Rostock, Pfarrer zu Kessin

---

1) Vgl. Schröter Beiträge S. IX.
2) Vgl. Jahrb. IV., S. 23.
3) Vgl. Jahrb. XVI., S. 19 flgb
4) Vgl. Jahrb. III., S. 88, XVI., S. 22—24, und XIX., S. 67.

und sonst rund mit Pfründen behängt, welcher mit seltener Uebermüthigkeit, Halsstarrigkeit und Unverschämtheit jeden anders Denkenden bis zu seinem Tode am Ende des Monats April 1556 [1]) verfolgte und einer der letzten, namhaften Papisten im Lande war; aber man hatte doch Mittel, solche Leute, deren ganzes Benehmen nicht zu achten war, wenigstens unschädlich zu machen.

Mehr achtungswerthe Festigkeit zeigten das Nonnenkloster zum Heil. Kreuz, das Bruderhaus vom Gemeinsamen Leben, die Cistercienser-Mönche von Doberan in ihrem Hause „Doberaner Hof" genannt in Rostock und die Karthäuser von Marienehe, welche ebenfalls ein Haus in der Stadt hatten, alle im Jacobi-Kirchspiel angesessen, wo auch die Universität ihren Sitz hatte.

Die Nonnen zum Heil. Kreuz widerstanden im Jahre 1532 allen Drohungen und Bitten, und ein aufgedrungener Prediger mußte 1533 vor der zügellosen Heftigkeit der Nonnen seine Stelle verlassen. Die Domina Margarethe Beselin war noch im Jahre 1562 eine getreue Anhängerin der römischen Kirche [2]). Bekanntlich hat sich das Kloster neben den drei noch bestehenden Jungfrauenklöstern [3]) bis auf den heutigen Tag gehalten.

Würdiger steht das Kloster der Brüder vom gemeinsamen Leben da. Freilich mußten auch die Brüder im Jahre 1531 die Mönchstracht ablegen und 1533 sich unter die Aufsicht des Rathes stellen; aber sie wurden bei der rücksichtslosen Einführung der Reformation nicht allein geschont, sondern auch sogar geehrt. Als im Jahre 1534 die Klöster und geistlichen Brüderschaften aufgehoben wurden, ließ man die Brüder vom gemeinsamen Leben ruhig in ihren Besitzungen und verpflichtete sie zur ferneren Haltung ihrer deutschen Schule [4]), wie sie seit alter Zeit bestanden hatte, jedoch ohne Verleitung zum römischen Gottesdienst; ja der Rath übergab ihnen die Anordnung und Einrichtung neuer öffentlicher deutscher Volksschulen. Mehr konnten die Brüder nicht erreichen, um so weniger da der vorletzte Rector Martin Hillemann, 1509—1551, gegen so heftige Stürme nicht fast genug gerüstet gewesen zu sein scheint. Hillemann starb noch vor dem letzten Sturme, welcher im Jahre 1552 unter dem Herzoge Johann Albrecht I. die römisch-katholische Kirche in Meklenburg ganz

---

1) Vgl. Jahrb. XVI., S. 24.
2) Vgl. Wiggers Meklenb. Kirchengeschichte, S. 105.
3) Vgl. Jahrb. XXII., S. 101.
4) Vgl. Jahrb. IV., S. 23 flgd.

vernichtete. Ihm folgte als letzter Rector der würdige Bruder Magister Heinrich Arsenius, welcher zugleich Magister und Professor der rostocker Universität war. Als im Jahre 1552 die meisten großen Feldklöster in Meklenburg und auch die Karthause Marienehe aufgehoben wurden, blieben die Brüder vom gemeinsamen Leben unangetastet. Als sie aber einsahen, daß auch ihre Brüderschaft endlich werde untergehen müssen, schenkten die vier letzten Brüder im Jahre 1559 das gesammte Eigenthum des Klosters der Stadt Rostock, durch deren Mildthätigkeit sie es erworben hatten, und beanspruchten nur den Genuß der Aufkünfte für die Zeit ihres Lebens. Darauf ward im Jahre 1560 in dem Bruderhause ein Pädagogium eingerichtet und im Jahre 1571 hielt Heinrich Arsenius wieder Vorlesungen über griechische Schriftsteller an der Universität, welche damals in einem glänzenden Lichte stand. „Heinrich „Arsenius [1]) war ein ausgezeichneter Mann; ausdauernd und „eifrig, friedlich und würdig, rein im Wandel und fest im „Glauben, gelehrt und bis zum Ende seines Lebens voll Liebe „zu den Wissenschaften, wie zur Natur, erwarb und erhielt er „sich die hohe Achtung der großen Schaar ausgezeichneter „Männer, welche in der zweiten Hälfte des 16. Jahrhunderts „die glänzende Universität Rostock zierten, und als er in der „eifrig protestantischen Stadt noch lange als die letzte Ruine „eines alten, großen Baues da stand, wagte Niemand den „würdigen Mann mit der tiefen, stillen Trauer anzutasten und „zu verletzen. Eine solche Würde erhielt nicht geringere An„erkennung, als überhaupt der Geist und Wandel der ganzen „Brüderschaft, und so unterlag die Stiftung nicht einem ge„waltsamen Sturme, sondern ging mit edler Ergebung, selbst„bewußt, ruhig und geachtet der Auflösung entgegen."

Eine hohe Würde und Festigkeit im Kampfe und im Untergange zeigten die Brüder des Karthäuserklosters Marienehe [2]), welche nicht allein mit Ausdauer bis zum gewaltsamen Ende jeder Anfechtung widerstanden, sondern auch die ganze Reinheit und Strenge ihres Ordens bis zum letzten Augenblick aufrecht erhielten, und hierin ihren vertrauten Geistesverwandten, den Brüdern vom gemeinsamen Leben, inner-

---

1) Vgl. Jahrb. IV., S. 28.
2) Die Urkunden-Abschriften und Beschreibungen aus dem Stadt-Archive zu Rostock sind durch den Herrn Ober-Appellations-Gerichts-Canzellisten Rogge zu Rostock geliefert, mit Ausnahme mehrerer, welche den hinterlassenen Abschriften des Professors Schröter entnommen sind.

halb der Stadt Rostock, gleich kamen. Eben so fest und ehrwürdig, wie der letzte Rector des Bruderhauses, Heinrich Arsenius, erscheint der letzte Karthäuser-Prior Marquard Behr, welcher sein Kloster während der ganzen Reformationszeit 1525—1553 mit einer seltenen Bildung, Kraft und Würde regierte.

Nachdem der würdige und aufgeklärte Karthäuser Vicke Dessin von Arensbök (vgl. oben S. 17) 1481—1485 die Karthause Marienehe regiert hatte, folgten die Prioren Heinrich IV. 1485—1489, Timotheus II. 1490—1502 und Heinrich V. Eleri 1502—1523 [1]), von denen die Geschichte nichts Besonderes berichtet. Bei dem Ausbruche der Reformation in Rostock ward 1525 Marquard Behr zum Prior erwählt, welcher den Untergang seines Klosters erleben mußte.

Zur rechten Würdigung aller Begebenheiten während des Lebens dieses Priors ist die Beantwortung der Frage: „Wer war Marquard Behr?" von wesentlicher Bedeutung. Die Frage läßt sich jetzt mit Bestimmtheit also beantworten: Marquard Behr war ein Edelmann aus der bekannten alten adeligen Familie Behr in Festland Rügen oder Neuvorpommern, von der jetzt sogenannten Linie Rustrow oder Semlow, aus dem Hause Neuhof. Die angesehene und reiche rügensche Familie Behr war während des Mittelalters in die drei großen Linien Behrenwalde, Hugoldsdorf und Katzenow (oder Werder) getheilt. Die Linie Hugoldsdorf, welche allein bis jetzt geblühet hat, theilte sich schon in der Mitte des 14. Jahrhunderts in die Linien Löbnitz und Hugoldsdorf. Die Linie Löbnitz aber spaltete sich in zwei Häuser: Neuhof und Rustrow, von denen das letztere auf den Hauptgütern Rustrow in Meklenburg und Semlow in Festland Rügen die Familie bisher erhalten hat, das Haus Neuhof aber im Jahre 1561 in männlicher Linie ausstarb.

Das behrsche Haus Neuhof ging in allen seinen Gliedern in der ersten Hälfte des 16. Jahrhunderts seinem Untergange entgegen. In dieser Zeit regt sich in diesem Hause der Geist einer wirksamen kirchlichen Gesinnung, während sonst die Familie vorherrschend im Staats- und Kriegsleben wirkend erscheint. Am Ende des 15. und im Anfange des 16. Jahrhunderts lebte Hermann Behr auf Neuhof, welcher sich in vielen Urkunden von 1478 bis 1507 um so mehr genau und bestimmt verfolgen läßt, als zu seiner Zeit kein anderer dieses Namens in der Familie lebte; ohne Zweifel war er ein

---

1) Vgl. Schröter Beiträge, S. IX.

Sohn des **Marquard Behr** auf Neuhof, welcher 1432 bis 1462 genannt wird. Dieser Hermann Behr tritt in einer eigenthümlich hervorragenden Weise auf. Der Herzog Erich von Pommern hatte am 19. Junii 1473 einen Orden der Edlen zur Verkündigung der Jungfrau Maria gestiftet („fraternitas annunciationis beatae Mariae, confraternitas illustrium et nobilium"), welchen er an das Kloster Bukow band. Die Ritter trugen eine goldene oder silberne Halskette, welche aus den Bildern der zwölf Propheten bestand, welche Spruchbänder über die Menschwerdung Christi in den Händen hielten; an der Kette hing vor der Brust die Darstellung der Verkündigung der Jungfrau Maria, nämlich die Bilder der Jungfrau Maria und des verkündigenden Engels, beide mit Spruchbändern in den Händen, darüber das Brustbild des segnenden Gottes und zwischen Gott und Maria der Heilige Geist in Gestalt einer Taube, zum Zeichen, daß die Ritter durch Gold, Gerechtigkeit und Macht die Hauptritterpflicht zu erfüllen verpflichtet seien, nämlich die Armen, die Waisen und die Wittwen zu beschützen, sich wie die Taube nüchtern und keusch zu bewahren, mit gutem Beispiel voranzuleuchten und sich einer reinen und vollkommenen Liebe zu befleißigen. Als nun der Herzog Bugislav X. am 25. Januar 1491 diesen Orden bestätigte, erneuerte und bereicherte und in die Collegiatkirche des H. Otto zu Stettin verlegte, war Hermann Behr unter den Zeugen dieser Stiftung, also wohl ohne Zweifel ein Mitglied dieses Ordens. Der nächste Lehnsverwandte dieses **Hermann Behr auf Neuhof** war urkundlich der nachmalige Karthäuser-Prior **Marquard Behr**.

Diese Verwandtschaft gewinnt noch mehr an Bedeutung, wenn man annimmt, daß **Anna Behr**, Aebtissin-Vikaria des an der pommerschen Grenze nicht weit von Neuhof gelegenen Claren-Klosters Ribnitz, eine Schwester des Priors Marquard Behr war. Der gleichzeitige Kloster-Lesemeister Lambert Slagghert sagt in einem Verzeichniß der bedeutendsten Einnahmen des Klosters, daß dieses von Anna Behr 146½ Mark empfangen und „Hermann Behr von ihretwegen 30 Mark gegeben" habe; diese Gelder sind ohne Zweifel Rentenstiftungen zur bessern Unterhaltung und größeren Wirksamkeit der Anna Behr, und es läßt sich deshalb sicher auf eine sehr nahe Verwandtschaft zu Hermann Behr schließen. Schon im Jahre 1510 ließ Anna Behr[1]) als Nonne in dem Siechenhause des Klosters die Wände

---

1) Nach Lambert Slagghert handschriftlicher Chronik des Klosters Ribnitz, auch in Auszügen gedruckt in Jahrb. III., S. 117 flg.

mit Holz bekleiden, die Fenster neu machen und neue Bettstellen bauen. Zu der Zeit war die Princessin Dorothea von Meklenburg († 1538), Tochter des Herzogs Magnus II., Aebtissin des Klosters Ribnitz. Im Jahre 1512 ward Anna Behr zur Vikaria des Klosters erwählt. Im Jahre 1524 ward die Princessin Ursula von Meklenburg, Tochter des Herzogs Heinrich des Friedfertigen, 14 Jahre alt, in das Kloster aufgenommen und der Aufsicht der Vikaria Anna Behr anvertrauet. Die Zeit war sehr schwer; denn gerade in Ribnitz benutzten ungebildete Eindringlinge die Reformation zu den größten Ausschweifungen, so daß sich das Kloster nur mit Mühe halten konnte. Daher entsagte Anna Behr im Jahre 1528 ihrem Amte und erhielt zur Belohnung ihrer Verdienste den Sitz nächst der Altschwester. Zu ihrer Nachfolgerin ward die Princessin Ursula erwählt, welche im Jahre 1539 ihrer Vatersschwester Dorothea als Aebtissin folgte und bis zu ihrem Tode 1586 mit so fester Entschiedenheit der römischen Kirche und ihrem Orden anhing, daß sie auf ihrem Denkmale in der Klosterkirche, welches doch in einer völlig protestantischen Zeit gebauet ward, gewiß nach ihrer Verordnung noch in der Tracht der Clarissennonnen dargestellt ist. Wenn auch die Bildung der jungen Princessin Ursula durch Anna Behr's Umsicht und Bildung gewiß bedeutend gewann, so scheint es doch, als wenn Anna Behr im Gegensatze zu der strengeren Richtung der Princessin bald eine freiere Ansicht gewann; denn im Jahre 1530 ereignete sich die unerhörte Begebenheit, daß Anna Behr und zwei andere Nonnen zum Begräbnisse des Joachim von der Lühe nach Kölzow über Land fuhren und das Kloster verließen gegen den heiligen Gehorsam und des Ordens Regel. Der Lesemeister Slagghert sieht sehr trübe in diese Uebertretung des Gesetzes und seufzt spöttelnd: „Seht, wie unsere Schwe„stern sind spazieren („spassēren") gefahren ohne Nothsache! Gott „vergebe es ihnen. Amen." Anna Behr war mit den von der Lühe nahe verwandt, da in den von der Lühe'schen Stammbäumen Anna Behr als Gemahlin des Vicke von der Lühe auf Kölzow und Kneese, Pfandinhabers von Sülz und Marlow, 1458 aufgeführt wird; auch diese „Frauwe Anna, Vicke van „der Luhe Husfrow, gaf C Marck" dem Kloster Ribnitz, nach Slagghert's Bericht. Auch eine „Frowe Kunne Beren gaff „beseme Kloster LX Marck" nach Slagghert. Gewiß waren alle diese Frauen aus dem Hause Neuhof. Sonst hatte kein Mitglied der Familie Behr dem Kloster Ribnitz etwas gegeben. — Wann die Vikaria Anna Behr gestorben, ist nicht bekannt.

Möglich ist es, daß auch Christine Beh, welche im Jahre 1508 Unterpriorin des Cistercienser-Nonnenklosters Verchen bei Demmin, unter der Priorin Elisabeth, Herzogin von Pommern, war, aus der rügenschen Familie Behr und dem Hause Neuhof stammte, jedoch läßt sich hierüber in Ermangelung aller andern Nachrichten nichts Bestimmtes sagen.

Dies sind die Ergebnisse der Forschungen über die Verwandtschaft des Priors Marquard Behr, welche im Folgenden noch mehr aufgehellt werden sollen.

Ueber die Jugend Marquard's Behr wissen wir nichts. Wahrscheinlich widmete er sich schon früh den Wissenschaften und trat in den geistlichen Stand, vielleicht im Auslande; denn als nach dem Aussterben der behrenwalder Linie alle rügenschen Behr im Jahre 1491 mit allen Gütern zur gesammten Hand neu belehnt wurden, wurden alle Glieder dieser behrschen Familie, welche damals lebten, genannt, nur der nachmalige Prior Marquard Behr nicht. Zuerst erscheint er am 6. März 1515, als er einer Vikarei in der Pfarrkirche zu Tribsees 6 Mark Pacht aus dem Dorfe Koitenhagen für ein aufgeliehenes Capital von 100 Mark verpfändete.

Im Jahre 1517 trat Marquard Behr, nachdem Hermann Behr zwischen 1507 und 1517 gestorben war, in den strengen Karthäuser-Orden und entsagte seinen Ansprüchen an die Welt, indem er in das Kloster Marienehe ging. In Folge dieses ernsten Schrittes bat er zu Marienehe am 18. Septbr. 1517 seinen Landesherrn, Herzog Bugislav von Pommern, „den Hans von Schwerin zum Vormunde des unmündi„gen Sohnes seligen Hermann's Behr, seines näch„sten Lehnerben der Güter, welche dem Unmündigen „nach seinem Klostergelübde rechtlich zukommen muß„ten, nach Inhalt des von den Verwandten darüber abge„schlossenen Vertrages, zu bestätigen („Swerine in enen „vormunder confirmeren deme vnmundigen sone zelige „Hermen Beren, mineme negesten lenehrven der ghu„der, de deme vnmundigen na miner profession recht„liken thokamen")." Aus dieser Urkunde geht unzweifelhaft hervor, daß Marquard Behr ein Sohn oder Neffe Hermann's Behr auf Neuhof war.

Der Stammbaum des Priors Marquard Behr gestaltet sich also vielleicht folgendermaßen:

Marquard Behr,
auf Neuhof.
1432 — 1462.

Hermann,	Marquard,	Anna,
auf Neuhof.	Karthäuser = Prior	Vikaria zu Ribnitz.
1478 — 1507,	zu Marienehe.	1510 — 1530.
† vor 1517.	1507 † 1553.	

Jobst,
auf Neuhof.
1529 — 1540.

Es ist aber auffallend, daß Marquard seinen verstorbenen Verwandten nicht seinen Bruder nennt, und Hermann ist für seine muthmaßlichen Geschwister etwas zu alt, um so mehr, da er einen unmündigen Sohn hinterließ.

Es dürfte daher nicht unwahrscheinlich sein, daß der Prior Marquard ein Neffe Hermann's von einem bisher unbekannt gebliebenen, jung gestorbenen Vater war, und der Stammbaum sich also gestaltete:

Marquard Behr,
auf Neuhof.
1432 — 1462.

Hermann,	N. N. (Marquard?)
auf Neuhof.	
1478 — 1507,	
† vor 1517.	

Jobst,	Anna,	Marquard,
auf Neuhof.	Vikaria zu Ribnitz.	Karthäuser = Prior
1517 minderjährig.	1510 — 1530.	zu Marienehe.
1529 — 1540.		1507 † 1553.

Bei dieser Bildung des Stammbaumes würde aber die Vikaria Anna nicht ganz bestimmt untergebracht sein.

Endlich könnte man auch annehmen, daß in dem Hermann zwei Personen stecken und den Stammbaum folgendermaßen bilden:

```
            Marquard Behr,
             auf Neuhof.
             1432 — 1462.
   ┌─────────────────────┴────────────────────┐
 Hermann.                              N. N. (Marquard)
 1478 — 1493.
   │                ?           ?              │
┌──┴──┐          ┌──┴──┐                   ┌───┴───┐
Hermann,          Anna,                    Marquard,
auf Neuhof.      Vikaria.                   Prior.
1493 — 1507.    1510 — 1530.              1507 † 1553.
   │
  Jobst,
auf Neuhof.
1517 — 1540.
```

Genaue Bestimmungen lassen sich nicht mehr ermitteln; das aber steht unumstößlich fest, daß die hier genannten Personen die nächsten Verwandten des Priors Marquard Behr waren und dieser der adeligen Familie und Linie Behr auf Neuhof angehörte.

Dieses wird noch mehr dadurch bestärkt, daß der Prior Marquard am 15. December 1552 neben Sivert von Dechow, Gevert von Moltke und Jürgen und Christoph von der Lühe die „Brüder Gerd und Joachim Behr seine besippte Freundschaft", d. h. seine Verwandten, nennt; Gerd und Joachim gehörten zu dem Hause Nustrow, also zu derselben Hauptlinie, zu welcher Marquard gehörte. Von dem Hause Neuhof waren aber damals nur Marquard und Franz, mit welchem das Haus 1561 ausstarb, übrig. Daß Marquard adeliger Herkunft war, wird auch dadurch bewiesen, daß Christoph von Bülow auf Rensow am 1. Mai 1550 ihn, „Herrn „Marquard Behr, Prior zu der Karthause, seinen freundlichen „lieben Oheim" nennt.

Marquard Behr muß ein sehr fester, gebildeter und gelehrter Mann gewesen sein [1]). Denn schon im Jahre 1525

---

1) Um die Zeit seines Eintritts in den Orden ließ der Magister Johannes Kruse einen Holzschnitt mit einem Crucifix und den beiden Heiligen des Ordens (H. Bruno und H. Hugo) für das Kloster Marienehe bei Ludwig Dietz in Rostock anfertigen. Vgl. Jahrb. IV., S. 150. Johannes Kruse, Magister der Philosophie und Baccalaureus der Theologie, war Docent an der Universität Rostock und lange Zeit erklärter Anhänger der katholischen Kirche (vgl. Krabbe Geschichte der Universität Rostock, I., S. 327 und 359 flgb.) und Freund der Karthause Marienehe.

wählte ihn der Convent der Karthause Marienehe zum Prior[1]). Es wird am 15. December 1552 ausdrücklich gesagt, daß „er vor mehr als (baven) 27 Jahren zum Prior der Karthause Marienehe erwählt" worden sei. Mit dieser Aeußerung stimmt auch überein, daß sein Vorgänger Heinrich Eleri im Jahre 1523 zuletzt genannt wird. Am 5. Mai 1528 wird er in einer Urkunde zuerst Prior des Klosters Marienehe genannt. Kurz vorher, im Jahre 1524, war Anna Behr zur Erzieherin der Princessin Ursula im Kloster Ribnitz erwählt worden.

Die Regierung des Priors Marquard Behr fiel in die schwerste Zeit des Bestehens des Klosters, indem die Wogen der Reformation, welche besonders in Rostock hoch gingen, nach und nach alle alten Stiftungen wegspülten. Als Marquard Prior ward, predigte Joachim Slüter schon öffentlich und laut die evangelische Lehre in Rostock, und schon in den nächsten Jahren wurden alle katholischen Stiftungen aufgehoben oder doch so bedrängt, daß sie sich von der öffentlichen Wirksamkeit zurückzogen. Nur die Karthäuser zu Marienehe, in dem sicheren Bewußtsein eines redlichen Strebens und evangelischen Lebens, blieben ihrer Ordensregel unverrückt getreu, ohne im geringsten zu wanken oder nachzugeben, ähnlich den Brüdern vom gemeinsamen Leben in der Stadt, welche freilich ihre Gesinnung bewahrten, aber doch allmählig ihre Stiftungen nach dem neuen Geiste reformirten. Es wird ausdrücklich berichtet, daß im Jahre 1529 das Kloster Marienehe in katholischer Verfassung war. Am 14. September 1530 nahm der Kaiser Carl V. auf dem entscheidenden Reichstage zu Augsburg die Karthäuser zu Marienehe wegen ihres löblichen Lebens, ihrer Treue gegen ihre Regel und ihrer besonderen Ergebenheit gegen Kaiser und Reich in Schirm und Geleit und bestätigte ihnen alle Rechte und Besitzungen. Am 1. April 1531 ward der papistische Gottesdienst in Rostock obrigkeitlich abgeschafft.

In diese Zeit fällt der erste heftige Kampf der Karthäuser mit dem Rath der Stadt Rostock. Die Karthäuser zu Marienehe standen zwar ganz frei und waren bei der Stiftung sogar von der bischöflichen Obrigkeit entbunden. Aber sie hatten ihren ganzen Verkehr für ihre Lebensbedürfnisse und daher zwei Häuser in der Stadt Rostock: nach dem Berichte vom 1. Februar 1552 besaßen sie ein Haus an der Breitenstraße, nach

---

[1]) Das Privatsiegel, welches Marquard Behr während der Zeit seines Priorats führte, enthält nichts als ein großes gothisches m und ist zur Urkunde vom 14. Julii 1534 und auf dem Titelblatt in einem Holzschnitt abgedruckt.

einem andern Berichte vom Jahre 1529 im Jacobi-Kirchspiel, und nach dem Schreiben vom 8. September 1539 hatten sie auch ein Haus („waning") an der Burgwallstraße. Der Rath betrachtete sich daher für diese Häuser, welche gewiß zu Stadtrecht lagen, als Obrigkeit der Karthäuser. Außerdem aber nahm der Rath gegen seine Nachbaren wenig Rücksichten, und die Reformationshandlungen waren allerdings nicht frei von Gewaltthätigkeiten und Uebergriffen, welche mitunter einen mittelalterlichen Beigeschmack hatten. Diese Bestrebungen offenbarten sich bald in einem heftigen Streite gerade zu der Zeit, als der Rath den katholischen Gottesdienst in der Stadt aufhob.

Der Karthäuser-Orden forderte eine unbedingte und unverbrüchliche Treue gegen die Ordensregel bis in den Tod, und theilweise läßt sich schon hieraus der Widerstand der Brüder gegen jede Veränderung erklären. Eben so fest wie die Treue der Brüder, war aber auch die unerbittliche Strenge des Ordens gegen Abtrünnige und Ungehorsame. Jede Karthause hatte ein ausreichendes Gefängniß, um die verbrecherischen Mönche einzusperren. Kein Mönch durfte ohne Erlaubniß die Zelle oder das Kloster verlassen; auch die Laienbrüder mußten schwören, das Kloster nie zu verlassen und sich für den Fall der Flucht zur Rückkehr zwingen zu lassen. Entflohene Brüder konnten durch jeden Prior gefangen genommen und dazu der weltliche Arm[1]) angerufen werden. Zu den Todsünden gehörte auch die Apostasie und die Auflehnung und der Ungehorsam gegen die Oberen. Alle Verbrecher gegen die Klosterordnung mußten ihre Unenthaltsamkeit mit ewigem Gefängniß, ohne Hoffnung auf Befreiung[2]), büßen, und zwar in einem andern Kloster. Nun lebte in der Karthause Marienehe ein Conversbruder Hans Prange, aus Rostock, welcher durch Ungehorsam und schlechtes Leben die Ordensregel vielfach gebrochen hatte. Schon am Ende des 15. Jahrhunderts hatte sich der Convent des Klosters genöthigt gesehen, diesen damals wahrscheinlich noch jungen Bruder wegen „merklicher Uebertretung der Ordens„regel etliche Jahre lang in das Klostergefängniß zu sperren." Prange hatte aber, wahrscheinlich durch seine Verwandten in Rostock, Wege gefunden, die Herzoge um Fürbitte für ihn zu

---

1) „Fugitiui reperti absque licentia prioris Cartusie vel priorum „suorum per quoscunque priores ordinis possunt capi, auxilio „si necesse fuerit nihilominus inuocato brachii secularis", nach den Statuten.
2) „Quicunque de quacunque indicibili incontinentia conuicti fue„rint vel publice confessi, perpetuo carceri mancipentur, sine „omni spe liberationis," nach den Statuten.

bewegen, damit er aus dem Gefängniß erlöset werde und unter
die übrigen Conversen zur Besserung seines Lebens kommen
könne. Da grade zu derselben Zeit die gewaltthätigen Un=
ruhen in Rostock sich ihrem Ende näherten und die Herzoge
zur endlichen Beruhigung in der Stadt waren, so hielten die
Herzoge Magnus und Balthasar mit ihren Räthen die Sache
des Hans Prange für wichtig genug, um sie persönlich in
Marienehe beizulegen. Am 21. April, am Sonntage Jubilate¹),
1491 ward Hans Prange auf Fürbitte der Herzoge des Ge=
fängnisses entledigt und schwur in deren Gegenwart einen Eid,
daß er bekenne, „wegen merklicher Uebertretung nach Verdienst
„mit Recht gefangen gehalten zu sein, und die Gnade nur zur
„Besserung seines Lebens um Gottes willen verdiene"; er ver=
sprach, sich zur Besserung seines Lebens in die Karthause zu
Stettin bringen zu lassen und dort so lange zu bleiben, bis er
wieder nach Marienehe gerufen werde, und schwur Urfehde, in
kommenden Zeiten gegen das Kloster und dessen Güter und
Leute, und gegen den Orden nie etwas zu unternehmen und
unternehmen zu lassen. Damit waren aber die Karthäuser zu
Marienehe noch nicht zufrieden, sondern die Herzoge mit ihren
Räthen, dem güstrowschen Domdechanten Johann Thun, nach=
maligen Bischofe von Schwerin, dem Ritter Heinrich von der
Lühe und den Brüdern Dietrich und Friedrich Vieregge, muß=
ten für Hans Prange in Bürgschaft treten und dessen Urfehde
mit besiegeln²). So wichtig und ernst ward in einem Kar=
thäuser=Kloster die Leichtfertigkeit eines untergeordneten Laien=
bruders genommen.

Die Schlechtigkeit des Bruders Hans Prange muß aber
unverbesserlich gewesen sein. Denn kaum hatte der rostocker
Rath, 40 Jahre nach dieser Begebenheit, im Jahre 1531 den
papistischen Gottesdienst in der Stadt Rostock abgeschafft, als
der Bruder Hans Prange, wahrscheinlich schon gegen das Ende
des Jahres 1531, aus dem Kloster nach Rostock entlief, um
sich dort der allgemeinen Freiheit noch in seinen alten Tagen
zu erfreuen. Die Karthäuser waren aber nicht gesinnt, in das
rostocker Lied einzustimmen, sondern blieben ihrem innern Wesen
getreu und forderten, trotz der revolutionsartigen Bewegungen
in Rostock, den „verlaufenen Bruder" zurück. Der Rath war
schwach und wollte dies der aufgeregten Volksmenge gegenüber

---

1) Am Freitage nach Jubilate 1491 hatte der Herzog Magnus mit den
Abgeordneten der wendischen Städte eine Zusammenkunft zu Niendorf
zur Beilegung der rostocker Unruhen. Vgl. Wöchentliche Rostocksche
Nachrichten, 1762, Stück 45, S. 177.
2) Vgl. Urkunde vom 9. Mai 1532.

nicht wagen. Da der Rath in Marienehe nichts zu sagen hatte, so erwirkte er von den Herzogen ein Commissorium für einige Rathsmitglieder, um mit dem Kloster über diesen Fall zu verhandeln. Der Rath sandte also den berühmten und gelehrten, klugen und schlauen Rathssyndicus Dr. Johann Oldendorp und den Rathmann Johann von Herverden als herzogliche Commissarien mit dem Notar Lambert Tafel nach Marienehe zur Verhandlung, oder zum „freundlichen Verhör", wie sich die Commissarien selbst ausdrücken. Wie aber der Rath und die Bürgerschaft damals überall gewaltthätig übergriffen [1]), so auch hier. Am 2. April 1532 traten die Commissarien in das Gasthaus des Klosters [2]), aber nicht allein von dem Notar begleitet, sondern auch von ungefähr 40 rostocker Bürgern sammt deren Dienern und Mitgeladenen, welche in hellem Haufen den Hans Prange gewaltsam und schützend einführten. So berichten der Prior Marquard Behr und sein Convent; in dem Notariats=Protocolle steht nur, daß von den Commissarien Hans Prange „mit etlichen aus dem Rath und andern zum „Handel gebetenen Bürgern und geladenen Herren und Freun= „den" eingeführt sei. Als nun die Commissarien erklärten, daß sie geneigt seien, zuerst das Anbringen des Hans Prange anzuhören, ihn also gewissermaßen als Kläger betrachteten, und dieser sich dazu anschickte, stand der Prior Marquard Behr mit dem Vikarius und dem Schaffner, welche von dem versammelten Convent gekommen waren, entrüstet auf, erklärte, daß er mit „keinem Verräther und Feinde des Kreuzes Christi" zu handeln gesonnen sei, und verließ mit seinen Begleitern den Saal. Die Rostocker nahmen sich diese Worte im Allgemeinen zu Herzen, d. h. zogen sich dieselben zu, und Dr. Oldendorp protestirte vor dem Notar gegen die Weigerung des Priors in die Verhandlung und gegen die Verachtung der fürstlichen Commissarien. Marquard Behr wandte sich beschwerend an den Rath der Stadt und klagte über gewaltthätige und unziemliche Behandlung. Aber der Rath wies diese Klage und Rechtfertigung zurück und verbot den Brüdern die Stadt, damit Aufruhr, Widerwille und Gefahr, welche sie selbst angerichtet, vermieden bleibe, und machte sie für jedes Unheil verantwortlich; der Rath suchte dabei den Hergang von seiner Seite mit leeren Ausflüchten zu entschuldigen: es seien nicht

---

1) Vgl. z. B. Krabbe Geschichte der Universität Rostock, I., S. 401 flgb.
2) „Gasthaus" eines Klosters ist ein Klostergebäude, gewöhnlich dicht vor dem Kloster, mit Säälen, um Fremde und Reisende unentgeltlich aufzunehmen und zu verpflegen.

große Haufen Leute, sondern nur zehn Bürger und „zugebetene Freunde" (!) erschienen und der Prior habe im Allgemeinen, ohne Hans Prange ausdrücklich zu nennen, Verräther und Feinde Christi genannt und dadurch die Commissarien höchlich beschimpft und gekränkt. Am 14. April berichteten die Commissarien unter Einsendung des Protocolls an den Herzog Heinrich, nachdem sie in dieser Sache schon persönlich in Schwerin gewesen waren, und klagten, daß sie, als herzogliche Commissarien, hoch verunglimpft, verspottet und verachtet seien, und gaben dem Herzoge unter den Fuß, als müsse er die Behauptung der Karthäuser annehmen, er habe „Verräther und Feinde Christi" als Gesandte geschickt; was aber ihre eigenen Personen betreffe, so wären sie lieber eines solches Schimpfes verschont geblieben, und hätten nicht geringen Anstoß daran genommen, daß, obgleich sie in Schwerin ihre Billigkeit in dieser Sache versichert hätten, der Herzog in einem Schreiben an den Rath, dessen Verlesung sie mit angehört, doch eine entgegengesetzte Ansicht („Gegenspiel") über ihr Verfahren ausgesprochen habe. Der Herzog war aber nicht der Mann, der sich blauen Dunst vormachen ließ, sondern antwortete ihnen am 18. April, daß er ihr Schreiben nicht eher beantworten könne, als bis er auch die Karthäuser, denen er ihr Schreiben zusenden werde, gehört habe; was aber ihre persönliche Beschwerde anlange, so hätte sie geziemend unterbleiben sollen, da er, der Herzog, „bis „anher, Gott Lob und ohne Ruhm zu reden, alle Zeit in allen „Sachen alle Wege so gehandelt habe und, so Gott wolle, bis „in seine Grube zu handeln geneigt sei, daß ihm weder von „ihnen, noch von irgend einem Andern mit Billigkeit und „Wahrheit solle nachgesagt werden, daß er eine Antwort ge„geben und hinterher das Gegentheil gethan oder vorgenommen" habe. Die Karthäuser rechtfertigten sich am 9. Mai bei dem Herzoge und beschwerten sich darüber, daß der Dr. Oldenborp die auf den „Apostaten Hans Prange" bezüglichen Worte auf sich gedeutet, obgleich der Prior vor vielen Zeugen seine wahre Meinung ausgesprochen, und daß der Rath ihnen gegen das Recht die Stadt verboten habe, welche in der Mitte ihrer Güter liege und aus der sie ihre tägliche Nothdurft beziehen müßten; sie hätten sich zur Verhandlung „in billiger Stätte und Zeit" erboten, aber es wäre ihnen unleidlich gewesen, in Gegenwart ihres Widersachers, der sich und die Commissarien durch Gewalt gestärkt habe, zu verhandeln, und deshalb habe der Prior erklärt, daß er mit „dem Verräther und Feinde des Kreuzes Christi" zu handeln nicht gedenke. In Folge dieser Rechtfertigung mißbilligte der Herzog am 23. Mai das Verfahren des

Rathes und der Commissarien gänzlich: der Prior habe mit dem „Verräther und Feinde Christi" nur den Hans Prange meinen können, und es wäre besser und füglich gewesen, daß der Rath, in Berücksichtigung der von Hans Prange unter fürstlicher Bürgschaft vor vielen Jahren (21. April 1491) geschwornen Urfehde, denselben von seinem meineidigen, muthwilligen und unbilligen Vornehmen abgehalten und zuvor Erkundigung eingezogen und Bericht erstattet hätte, als daß derselbe dem Hans Prange, der mit Verschweigung der Wahrheit das Commissorium hinterlistig ausgebracht, dieses Commissorium mitgetheilt und sofort darauf Handlung vorgenommen und den Karthäusern wie Missethätern die Stadt verboten habe; der Herzog forderte daher entschieden von dem Rath, dieses „muth=„willige Verbot" aufzuheben und die Karthäuser wider Recht „mit der That nicht beleidigen zu lassen." An demselben Tage theilte der Herzog den Karthäusern diesen Erlaß mit und versicherte ihnen wiederholt seinen Schutz. Es würde von Werth sein, zu erfahren, ob die Karthäuser den Apostaten wieder in ihre Gewalt bekommen haben und was aus ihm geworden sei; aber die Geschichte schweigt über ihn.

Durch eine solche Handhabung der fürstlichen Gerechtigkeit gegen die Schwäche des Raths und die Ränke der Tageshelden blieben die Karthäuser vor der Hand vor den Belästigungen der Rostocker verschont und führten ihr Leben nach den Regeln ihres Ordens in aller Strenge und Stille fort Die ganze Begebenheit giebt aber ein klares Bild theils von den reformatorischen Zuständen in den großen Städten, theils von der würdigen Standhaftigkeit der Karthäuser. Am 12. März 1532 klagten die Karthäuser zwar über die „schweren Zeiten", sprachen aber die freudige Ueberzeugung aus, daß es ihnen vergönnt sein werde, in ihrem Kloster unter dem Schutze der Landesherren Gott zu preisen, wozu es gestiftet sei. Dagegen predigte freilich der Prädicant Hakenbahl in der Marienkirche, daß ein geringer Knecht und eine arme Dienstmagd, wenn sie gottesfürchtig und gläubig wären und die ihnen anbefohlene Arbeit treulich verrichteten, vor Gott angenehmer seien und mehr gute Werke thäten, als alle Karthäuser=Mönche, welche unter allen die heiligsten und besten Werkheiligen sein wollten.

Die evangelische Lehre gewann nun immer festern Boden in Meklenburg. Schon im Jahre 1531 ließ der Herzog Heinrich der Friedfertige der Lehre freien Lauf[1]) und trat im Jahre 1532 als erklärter Anhänger derselben auf. Hierauf

---

1) Vgl. Jahrb. XXII., S. 17 flgb.

erfolgte bald die gänzliche Aufhebung der katholischen Stiftungen innerhalb der Stadt Rostock. Die Gegenbestrebungen des rückfällig gewordenen Herzogs Albrecht, vorzüglich seit dem Jahre 1533, konnten den Gang der Ereignisse nicht lange hemmen, da das Verlangen nach dem reinen Worte Gottes immer dringender ward. Die Karthäuser in Marienehe gingen aber ihren stillen Gang ruhig weiter. Die Burgemeister der Stadt Rostock hatten zwar den Prior und den Schaffner des Klosters zur Verhandlung geladen; diese lehnten aber wegen des am Tage nach dem Termine einfallenden Festes der Verkündigung Mariä am 21. März 1533 die Ladung ab, erboten sich jedoch zur Zusammenkunft an einem andern folgenden Tage. Doch die Unterhandlungen führten nicht zu dem erwünschten Ziele; denn am 12. Mai 1533 sandte der Rath den Raths-Secretair Mag. Peter Sasse in Begleitung von zwei Bürgern nach Marienehe hinaus, um dem Prior und seinen Mönchen zu verkündigen, daß sie keinem Bürger und keiner Bürgerin Beichte hören und das Abendmahl in Einer Gestalt geben sollten. Der Rath war dies Mal sehr behutsam aufgetreten; denn der Secretair Peter Sasse war nach einem Schreiben des Priors Marquard Behr vom 3. Mai 1542, durch welches dieser ihm einen Franziskanermönch zur weitern Empfehlung empfahl, noch damals ein Freund des Priors. Die Karthause hatte aber in der Stadt noch viele Verehrer und Anhänger, welche sich auf ihrem Lebenswege nicht stören ließen. Der Rath beschwerte sich zwar des Klosters wegen bei dem Prior, dieser aber ging darauf nicht ein, sondern ersuchte am 14. Julii 1534 die ihm befreundeten Burgemeister Bernd Kron und Rathmänner Heinrich Gülzow und Marcus Luskow, welche zum Theil noch später für das Kloster wirkten, nach Marienehe hinauszukommen, um zu überlegen, was der Convent zum Besten der Stadt und des Klosters bedacht habe.

Da gebot der ganze Rath im Jahre 1534, nachdem er die Klöster in der Stadt aufgehoben hatte, ernstlich, daß Niemand von den Bürgern oder Bürgerinnen und den Mägden, Gästen und Gesinde nach Marienehe, Biestow[1]) oder Kessin[2]), oder nach irgend einem andern Orte bei Rostock gehe oder

---

1) In Biestow war Andreas Eggerdes Pfarrer und papistisch gesinnt. Noch bei der Visitation vom Jahre 1541 heißt es nach dem Originale von des Kirchen-Visitations-Secretairs Simon Leupold Hand: „Die lerde hat das Capittel zu Rostock zu verlehnen. Er An-„dreas Eggerdes pastor ist bißher ein papist gewesen, wil sich „aber hinfurder beßern."

2) In Kessin trieb Dethlev Dancquardi sein Wesen.

fahre, um die Messe zu hören, bei Strafe von 10 Gulden für jeden zu beweisenden Uebertretungsfall.

Von nun an blieben die Väter in Marienehe vom rostocker Rathe ungeschoren und verharrten ruhig und unangefochten in ihrer Regel unter ihrem festen Prior Marquard Behr bis zu ihrem Untergange, welcher erst 18 Jahre später erfolgte. In diesem langen Zeitraume erfahren wir fast nur von Geschäftsangelegenheiten des Klosters.

Die Karthäuser werden sich in ihrem frühern Ansehen bald wieder befestigt haben; denn als am 8. September 1539 die Brüder den Rath von Rostock baten, einen unerlaubten und nachtheiligen Bau neben ihrer „Wohnung auf der Burgwall"-Straße nicht zu gestatten, nannten sie denselben wieder „des Klosters seit alter Zeit großgünstige Herren und Freunde". Auch am 5. Februar 1541 rühmten die Karthäuser, als sie den Rath um Schutz in ihrem Antheile des Gutes Sildemow baten, die „Gunst, welche ihnen und ihren Vorvätern von der guten Stadt erzeigt" sei, und begrüßten den Rath mit der Anrede „besondere guten Freunde." Dennoch konnten sie nicht ganz ohne Bedruck davon kommen; so waren z. B. am 1. Mai 1545, als der Herzog Albrecht noch immer kriegerische Bewegungen[1]) gegen Dänemark betrieb, 700 geworbene Landsknechte in das Klosterdorf Pastow gefallen, welche so arg gewirthschaftet hatten, daß mehrere Bauern mit Frauen und Kindern hatten davon gehen müssen; der Prior Marquard Behr bat daher den katholischen Herzog Albrecht, als einen „besondern Beschützer der heiligen Kirche und der christlichen „Religion" am 2. Mai 1545 um Schutz und nannte sich dabei „des Herzogs Kapellan". Mit welcher Spannung die noch bestehenden katholischen Stifter die Entwickelung der lutherischen Kirche verfolgten, läßt sich daraus entnehmen, daß der Prior Marquard Behr im Jahre 1546 die Nachricht von Luthers Tode zuerst nach Rostock brachte. Noch bestanden die großen Feldklöster dem Aeußern nach, wenn auch die Bettelmönchs- und andere kleine Klöster in den Städten aufgehoben waren. Noch im Jahre 1547 suchte Marquard Behr das Leben der großen Feldklöster mit aller Kraft aufrecht zu erhalten. Schon in frühen Zeiten hatten die Bischöfe von Schwerin den jedesmaligen Prior von Marienehe zum Visitator des Benedictiner-Nonnenklosters Dobbertin bestellt. Nun war das Kloster Dobbertin durch die Reformation schon in vielfache Bedrängniß gerathen und die sonst feste Priorin Katharina von

---

1) Vgl. Franck A. u. N. Mecklenb., IX., S. 227.

Oertzen [1]) hatte wiederholt um die Erlaubniß zur Niederlegung ihres schweren Amtes gebeten. Marquard Behr fragte daher am 13. März 1547 bei dem Herzoge Heinrich darum an und führte es ihm zu Gemüthe, wie dieser sich gegen ihn habe vernehmen lassen: „was die Klöster und ihre Religion „(Ordensregel) belange, wolle er sich nicht unter-„stehen, dieselben zu verändern, sondern wolle sie in „ihrem stiftungsmäßigen Bestande (Aussetzung) lassen." Katharina von Oertzen blieb aber in ihrem Amte und starb als Priorin am 6. April 1549, indem sie das Kloster noch ganz katholisch hinterließ. Bei der Gelegenheit äußerte Marquard Behr über gewaltthätige Abbringung von Hebungen aus dem Klosterdorfe Gr. Stove: „was in Gottes Ehren einmal ge-„geben sei, müsse auch alle Wege dabei bleiben, und wenn was „Menschen sich verheißen und zugesagt, zu allen Zeiten gültig, „so müsse um so mehr das, was Gott und Gottesdienst be-„lange, unverrückt gehalten" werden, und dürften geistliche Stiftungen „nicht zu weltlichen Händen gelangen."

Doch der Tag der Auflösung kam immer näher. Marquard Behr sah dies wohl voraus und suchte daher in den letzten Zeiten das Vermögen der Karthause möglichst sicher zu stellen, indem er namentlich Hauptsummen aus Privathänden zog und sowohl diese, als auch erworbene Gelder bei öffentlichen Behörden und in größern Landgütern bei sichern Familien belegte, kurz allen möglichen Ereignissen für den Fall des Unterganges sorglich zuvorzukommen suchte. Am 20. Januar 1545 belegte die Karthause bei Karin von Moltke auf Toitenwinkel 500 Gulden in den Gütern Häschendorf und Toitenwinkel und am 20. Januar 1551 bei demselben 1500 Gulden in dem Gute Mechelstorf, beide Summen noch mit Bewilligung der Herzoge; am 15. Mai 1545 belegte sie bei den Brüdern von Mörder auf Daskow in Neuvorpommern bei Damgarten 50 Gulden in dem Dorfe Mützkow [2]), gegen 12 Procent Zinsen. Im Jahre 1546 hatten die Karthäuser die Kapitalien, die sie bei den Loitzen und Fahrenholzen in Stettin, bei den Stoientin

---

1) Vgl. Lisch Urkundliche Geschichte des Geschlechts von Oertzen, II., S. 231—235; vgl. Jahrb. XXII., S. 104 flgb.
2) Dieses Dorf, welches in der Urkunde „Muscow" genannt wird, ist das heutige „Mützkow" (nicht Muucks) zwischen Stralsund und Richtenberg; als mehrere stralsunder Bürger am 5. Mai 1528 dem Kloster Marienehe 6 Mark Renten aus dem Dorfe „Muskow" verpfändeten, sagen sie, daß dieses Dorf „in dem Kirchspiele Niepars („Nipertze") bei der Stadt Stralsund" liege. Schon vor dem 5. Mai 1528 hatte Paul Mörder auf das Gut Mützkow von dem Kloster Marienehe Geld aufgeliehen.

in Greifswald und bei Hermann Weygen in Stralsund stehen gehabt hatten, gekündigt und belegten diese am 22. September 1546 in der Summe von 2000 Mark bei dem Rath der Stadt Stralsund, der den Karthäusern gewogen gewesen zu sein scheint, gegen nur 4 Procent Zinsen, nachdem sie schon im Jahre 1519 die Summe von 2000 Mark und im Jahre 1540 die Summe von 1500 Mark bei demselben Rathe belegt hatten. Mittlerweile war der Herzog Albrecht, die kräftigste Stütze der Katholiken, am 7. Januar 1547 gestorben und unter dem Hoch= altare des Klosters Doberan begraben, der Herzog Heinrich hatte die lutherische Lehre im Lande bestätigt, wenn er auch noch die Klöster bestehen lassen wollte, und von dem jungen Herzoge Johann Albrecht I. mochte man wohl schon voraus= sehen, welche Richtung er nehmen werde. Daher rüsteten sich auch die Karthäuser zu Marienehe, mit Fassung dem drohen= den, unvermeidlichen Geschicke entgegenzugehen, und sprachen dies im Stillen auch unumwunden gegen ihre Freunde aus.

Einen besonderen Anhalt hatte die Karthause noch lange Zeit an dem Rath der Stadt Stralsund, in deren Nähe viele Güter der Karthause lagen. Am 17. August 1537 hatten die Karthäuser mit dem Rath aus besonderer Zuneigung verein= baret, daß die in der Nähe der Stadt liegenden Güter von einem Mitgliede des Raths oder wenigstens einem Bürger der Stadt verwaltet werden sollten, und den Burgemeister Christoph Lorber für diese Verwaltung bestätigt. Dies ward die Veran= lassung, daß die Lorber, welche besondere Freunde des Klosters waren, in den letzten Zeiten in ein noch engeres Verhältniß zu demselben traten. Der Burgemeister Christoph Lorber zu Stralsund und sein Bruder Olof Lorber, Aeltermann der Ge= wandschneider daselbst, hatten jeder 100 Gulden, zu 4 und 5 Procent Zinsen, von den Karthäusern geliehen. In der Be= sorgniß der nahe bevorstehenden Aufhebung des Klosters schlos= sen nun die Lorber mit dem Prior Marquard Behr und dem Schaffner Christian Westhof von Marienehe am 16. Junii 1550 folgenden Vertrag: die Karthäuser gaben den Brüdern Lorber ihre Schuldverschreibungen zurück und schenkten diesen die Ka= pitalien „für ihre mannigfachen treuen Dienste, Mühe, Fleiß, „Arbeit und Sorge, welche sie in diesen gefährlichen, geschwin= „den Zeiten zur Erhaltung und Vertheidigung der Karthause, „deren Güter, Herrlichkeit, Eigenthum und Gerechtigkeit ange= „wandt und gethan hatten und ferner nach Möglichkeit mit „allem Fleiße gern thun wollten;" dagegen verpflichteten sich die Lorber für den Fall, daß „die Karthäuser aus ihrem Klo= „ster vertrieben werden" würden, den Karthäuserbrüdern, so lange noch einer am Leben sein würde, die 9 Mark Zinsen ehrlich und aufrichtig zu bezahlen, nach dem Tode aller Karthäuserbrüder aber zu ewigen Zeiten von den Zinsen ein Dritttheil zur Aussteuer armer Jungfrauen und ein Drittheil zur Bekleidung von Armen zu verwenden, wogegen die Lorber ein Drittheil zu ihrem Nutzen einbehalten könnten. Hiemit ist deutlich ausgesprochen, welches Schicksal der Prior Marquard Behr und seine Brüder erwarteten. Dies ist eine der letzten bekannt gewordenen Amtshandlungen der Karthäuser zu Marienehe.

Am 1. Mai 1550 lieh Christoph von Bülow auf Rensow von "Herrn Marquard Behr, Prior der Karthause, "seinem Oheim, und dessen Amtsnachfolgern", noch 50 Gulden gegen Verschreibung und Bürgschaft.

Der junge Herzog Johann Albrecht I. hatte seit dem Tode seines Vaters Albrecht (7. Januar 1547) ein stilles, wissenschaftliches Leben geführt, voll der reinsten Begeisterung für das Evangelium. Aber in dem Maaße, wie die katholische Kaiserparthei die Länder der protestantischen Fürsten immer härter drückte, stieg in ihm die Entrüstung, und er bereitete lange im Stillen die Erhebung „für die wahre Religion und die deutsche Freiheit" vor. Sein Oheim, der Herzog Heinrich der Friedfertige, welcher jeden Gewaltschritt scheute, war am 6. Februar 1552 zu Schwerin gestorben, und schon in der Mitte des Monats März brach Johann Albrecht unerwartet und plötzlich mit 600 Reitern von Schwerin auf [1]) und vereinigte sich mit den übrigen verbündeten protestantischen Fürsten am 1. April vor Augsburg, um den Kaiser Carl V. zu dem zu zwingen, was er gutwillig nicht thun wollte. Die Protestanten errangen den Sieg und am 26. Mai einen ehrenvollen Frieden zu Passau, und Johann Albrecht kehrte von seinem Siegeszuge am 23. August von Frankfurt a. M. in sein Land zurück, zwar mit Kriegsschulden belastet, da er den Zug auf eigene Faust unternommen hatte, aber mit dem sichern Gefühle für das, was er fortan zu thun hatte.

Schon als der Herzog in's Feld zog, gab er die strengsten Befehle zur Aufhebung der Mönchsfeldklöster. Der Schlag traf zuerst die beiden großen Cistercienser-Mönchsabteien Dargun am 6. März und Doberan am 7. März 1552; beide abgestorben und kraftlos, ergaben sich ruhig in ihr Schicksal und waren mit kleinen Pensionen für ihre Vorsteher zufrieden. Der fürstliche Bevollmächtigte für Doberan war Jürgen von

---

1) Vgl. Jahrb. XVIII., S. 35 flgd. und XXII., S. 31.

Rathenow, Hauptmann zu Doberan, welcher den Secretair Joachim Kock zum Begleiter hatte. Am 10. März nahmen diese auch den Doberaner Hof in Rostock ein. Hierüber sagt eine Ausgaben-Rechnung:

„III G. III ß. dorch denn hoptmann Jurgenn Ratenow, „Jochim Kock Secretarien, Hans Vicken vogt tho Buckow „vnde her Nicolaus abtenn, her Pawel Hoppener keller „tho Dobberann sampt denn knechtenn tho Rostock vor-„theret, als be kaste tho Rostock geapent vnde be kleno-„bhenn sampt Seigel vnde Brenenn innentert wordenn, „ahm Donnerdage nha Invocauith."

In der Karthause Marienehe hatte man mehr Widerstand zu erwarten, und daher machte man auch größere Anstrengungen und griff zur Gewalt. **Am 15. März 1552 ward die ehrwürdige Karthause Marienehe eingenommen und aufgehoben.** Nach der Klage vom 7. October 1554 ließ der Herzog an jenem Tage „ganz freventlich und eigenes „Willens und Vornehmens mit Gewalt durch dreihundert „dazu verordnete gerüstete Mannen zu Roß und Fuß „das Haus und das Kloster Marienehe umgeben und einnehmen, „plündern und die armen Ordensleute, Prior und ganzen „Convent von allem entblößt daraus in das Elend und unbe-„kannte Länder verjagen und vertreiben." Nach der Protestation vom 13. Januar 1553 hatten die Kriegsknechte den „Prior „und alle seine Brüder, darunter alte, kranke Männer, mit „Gewalt hinausgejagt und ihnen unter vieler Verhöhnung und „Schmähung ihre Kleider und Bettgewand nachgeworfen und „sie von Allem entblößt, so daß sie zu Fuße nach der Stadt „Rostock hatten gehen müssen." Ein amtlicher Bericht über die Einnahme des Doberaner Hofes sagt, daß der Herzog Johann Albrecht „auf dieselbe Zeit das Kloster Marienehe „und das Karthäuserhaus in der Breiten-Straße zu „Rostock durch Matthias (?) Koch habe einnehmen lassen. Die rostocker Chronik berichtet: „1552. In bissen suluen har worden „de monik vth den beiden klostern Marien Ehe vnd Dobbran „vordreuen van den hertogen van Meckelnborch."

So fiel die ehrwürdige Karthause Marienehe als ein Opfer der Bewegung der ganzen Zeit. Sie hätte ein besseres Schicksal verdient und auch vielleicht gefunden, wenn die Starrheit ihrer Form nicht dem Zeitgeiste grabezu widerstrebt hätte oder wenn die Brüder es über sich vermocht hätten, ihre Stiftung in die neue Bewegung hinüberzuleiten, wie es die Brüder vom Gemeinsamen Leben thaten. Aber die Karthäuser verdienen Theilnahme und Verehrung.

Der Herzog Johann Albrecht handelte freilich hart; aber auch er konnte nicht anders, und seine Absicht war eben so rein, wie die Standhaftigkeit der Karthäuser. Er wollte mit den Gütern der Karthause die Universität Rostock verbessern, um Bildung zu verbreiten, und das hat er zum Glanze der Universität und seiner Regierung auch ehrlich gethan. In einer Regierungsverordnung bei seinem Abzuge nach dem Oberlande im März 1552 sagt er: „Zum dritten begern wir, ir „wollet die Visitation fur die handt nehmen, die abgotterei „vnd papistische biener allethalben abschaffen vnd die „reine gotliche Lehr vnd christliche Ceremonien aufrichten, christ„liche Prebicanten verordnen vnd den schulmeistern notturftige „ziemliche vnterhaltung machen, vnd alles so zu den kirchen „gehörig an geistlichen Lehnen vnd sonsten vleysig aufschreiben, „damit wir von denselben vnd andern geistlichen gütern zu „vnser glücklichen heimkunft, wils got, die vniuersität, auch „junge gesellen vom adel vnb andere im studio vnterhalten vnd „die armen davon versorgen können."

Aber auch Marquard Behr ruhte selbst nach dem Falle seiner Karthause nicht. Er blieb unermüdlich thätig, sein Recht gegen die Gewaltthat des Herzogs zu verfolgen, welcher selbst seine Person als eine gefährliche in besondere Aufsicht nahm. Nach dem Schreiben des Herzogs vom 16. October 1553 entfloh Marquard Behr nach der Vertreibung in die befreundete Karthause zu Arensbök, welche noch unangefochten geblieben war, und nahm Siegel und Briefe und die Kleinodien und andere bewegliche Habseligkeiten des Klosters mit sich dahin. Von hier aus reisete er, wahrscheinlich im geheimen, bald hier, bald dort hin, um die Sache des Klosters zu betreiben; bald war er in Arensbök und Lübeck, bald in Rostock, bald in Stralsund und an andern Orten. Die Karthause besaß auch Sülzgüter in der Saline zu Lüneburg, wie die meisten großen meklenburgischen Stifter. Bald nach seiner Flucht nach Arensbök war Marquard Behr „in den geschwinden Zeiten in eige„ner Person mit großen Unkosten und mit Gefahr seines Le„bens" nach Lüneburg gereiset, um diese Güter zu sichern. Aber die meklenburgischen Statthalter hatten während der Abwesenheit des Herzogs Johann Albrecht nach Lüneburg geschrieben, „die Karthause gehöre jetzt den Herren von Meklen„burg, welche deren Güter zu der Universität zu appliciren" gedächten. Am 1. October 1552 war Marquard Behr in Rostock und bat von hier den Rath von Lüneburg, ihm nicht nur die zu Ostern fällig gewesenen Pächte, sondern auch die zu Michaelis fällige Summe von 105 Mark zu senden,

worüber er die Quittung bei seinem Wirthe Lütke Schröder in
Rostock, welcher in der Breiten Straße wohnte, zurückgelassen
habe, widrigenfalls er sonst zur Klage schreiten müsse, da den
Herzogen die Karthause nicht gehöre, indem sie nie einen Fuß
breit Landes dazu gegeben hätten. Der Herzog mußte von den
Bestrebungen des Priors Kunde erhalten haben, denn am 6.
October 1552 forderte er den Rath von Rostock in sehr be=
stimmten Ausdrücken auf, sich in Beziehung auf die Güter des
Klosters und den Prior ohne Säumen gehorsam gegen ihn zu
bezeigen, da er der Kirchen und Schulen Bestes suche, wenn
der Rath nicht in den Verdacht kommen wolle, als sähe er die
Unterschlagung der Kirchengüter gerne. Am 24. October 1552
war Marquard Behr in Wismar und ließ sich hier von dem
Rath eine Urkunde vom Jahre 1447 feierlich beglaubigen,
durch welche dem Sohne des Stifters der Karthause Ma=
rienehe, dem Winold Baggel dem jüngern, von dem Kloster
eine Wohnung vor demselben auf Lebenszeit eingeräumt war;
mit gleichen Ausdrücken beglaubigte an demselben Tage der
wismarsche Rath auch die Stiftungsurkunde der Karthause vom
Jahre 1396.

Marquard Behr ließ nicht ab, alle möglichen Schritte zum
entschiedenen Auftreten zu thun. Als im December 1552 der
Herzog Johann Albrecht I. in Rostock war, hatten sich auch
„Marquard Behr, Prior der Karthause zu Marienehe, und
„Christian Westhof, Schaffner derselben Karthause", dahin be=
geben, und Marquard Behr hatte seine Verwandten („sine
„besipte fruntschop") und Freunde dahin geladen: Joseph
Münster der Rechte Doctor, Sivert von Dechow, Gevert
Moltke, die Brüder Gerd und Joachim Behr (auf Nu=
strow), die Brüder Jürgen und Christoph von der Lühe, Joa=
chim Luskow und den rostocker Bürger, früheren Burgemei=
ster (?) Bernd Kron[1]), denselben, welcher 1557 auch die Güter
der Brüder vom gemeinsamen Leben in Verwaltung
nahm[2]). In dieser Männer Gegenwart, am 15. December
1552 Nachmittags, in Rolof Machen Hause am Markte, klagte
vor dem Notar Erasmus Böbbeker der Prior mit heller, lau=
ter Stimme, daß er, der über 27 Jahre lang die Kar=
thause nach bestem Gewissen in Gottes Dienste als Prior
regiert habe, mit seinen Brüdern von dem Herzoge Johann
Albrecht des Klosters entsetzt und verjagt sei, legte die Stif=

---

1) Am 14. Julii 1534 richtete der Prior Marquard Behr ein Schreiben
an den Burgemeister Bernd Kron und die Rathmänner Hein=
rich Gülzow und Marcus Luskow zu Rostock.
2) Vgl. Jahrb. IV., S. 26 flgb.

tungs- und Bestätigungsurkunden des Klosters, den Geleits- und Schutzbrief Kaisers Carl V. vom Jahre 1530, den er verlesen ließ, und einen Schirmbrief des Herzogs Heinrich von Meklenburg vom Jahre 1537 vor und protestirte öffentlich gegen die gewaltsame Entziehung des Klosters, indem er die Wiedereinsetzung forderte. Mit dem darüber aufgenommenen Notariatsdocumente und den beglaubigten Abschriften der Urkunden begab sich der Notar mit den Zeugen sogleich zu dem Herzoge, welcher damals in Rostock bei dem Rathmann Gottschalk Hoppenstange „zur Herberge lag", und bat um Gehör, ward aber auf den folgenden Tag beschieden. Am 16. December erschienen der Notar und die Zeugen wieder und „thaten fleißige Forderung um Gehör"; der Herzog aber ließ ihnen sagen, er habe dem Canzler Johann von Lucka und dem Rath Carl Drachstedt die Annahme des Gewerbes mündlich befohlen. Da begaben sie sich zu den genannten Räthen in die fürstliche „Canzlei", welche ebenfalls in Roloff Machen Hause war, wo der Prior mit seinen Freunden wohnte. Hier wurden sie angenommen, und der Doctor Münster nahm im Namen des Priors das Wort, protestirte gegen die gewaltsame Entsetzung, forderte die Herausgabe der Karthause und bat, daß dem Prior und seinen Brüdern keine Gewalt geschehen möge, indem diese sich unter den Schutz und Schirm Sr. Majestät des Kaisers und des Reichskammergerichts begeben. Die fürstlichen Räthe nahmen diese Gewerbe an und versprachen, dem Herzoge über den Hergang zu berichten; der Prior ließ sich aber darüber ein von Zeugen beglaubigtes Notariatsdocument ausfertigen.

Doch dies war tauben Ohren geprebigt. Vielmehr hatte der Herzog bald darauf sich nicht nur in die zur Karthause gehörenden Güter gesetzt, von den Unterthanen Huldigung genommen und die fälligen Zinsen und Pächte erhoben, sondern sogar in seinen Landen und Vogteien befohlen, den Prior und die Seinen gefangen zu nehmen, wegzuführen und ins Gefängniß zu werfen. Gegen diese fortgesetzten Gewaltthätigkeiten protestirte „Marquard Behr, Prior der Karthause Marienehe" wiederum „gar kläglich unter Vergießung von Thränen" am 13. Januar 1553 in seiner Behausung in der Breiten Straße vor demselben Notar Erasmus Böbbeker und den rostocker Bürgern Nicolaus Schmidt und Hans Reinke.

Marquard Behr betrat nun, da alle Versuche zum Frieden vergeblich gewesen waren, den Weg zum Reichskammergericht.

Während der Zeit, als sich der Herzog in den wirklichen Besitz der Karthäusergüter in Meklenburg setzte, sah er sich auch nach den reichen Gütern und Geldern um, welche die Karthäuser im Fürstenthume Rügen hatten. Der Herzog wandte sich durch Gesandte zunächst an den protestantisch gesinnten Stadt-Syndicus Dr. Nicolaus Genzkow (von 1555 † 1576 Burgemeister) zu Stralsund, den der Herzog auch gern in seinen Dienst ziehen wollte. Dieser schrieb am 1. Januar 1553 dem Herzoge, daß der Rath mit des Herzogs „christlichem „Vorhaben zur Beförderung der Ehre Gottes und der Univer= „sität zu Rostock Aufnehmen, Gedeihen und Verbesserung" wohl nicht übereinstimme und derselbe dem „heillosen Mönch" (b. i. Marquard Behr) die Güter lieber gönnte, als daß er sähe, daß sie durch des Herzogs Verordnung zum bessern und gottseligern Gebrauch verwendet würden; er glaube, daß der Rath die Verhandlungen aufschiebe, indem dieser hoffe, daß die Mönche von dem Reichskammergericht oder anderswoher getröstet würden, denn er habe seltsame Dinge von etlichen Rathschlägen, welche die Gesandten der Städte jüngst zu Lübek über des Herzogs Vorhaben auf der von Rostock und Wismar Anstiften gehalten, und wie schimpflich sie vom gewissem Thun geredet, erfahren. Der Herzog wandte sich nun schriftlich und durch seinen Secretair M. Simon Leupold an den Burgemeister Christoph Lorber zu Stralsund, welcher, mit seinen Schwägern und Freunden, in die dreißig Jahre Administrator der pommerschen Güter des Klosters Marienehe gewesen war, und schlug ihm am 17. Januar 1553 zur Beilegung der Irrungen hierüber vor, nachdem er sich wieder auf Verhandlungen eingelassen, ihm und seinen beiden Söhnen Olof und Zabel die Verwaltung der Güter für die Zeit ihres Lebens zu lassen und ihnen den Vorkauf der Güter zu gönnen.

Während der Zeit war Marquard Behr im Anfange des Monats März 1553 persönlich in Pommern gewesen und hatte die Pächte und Zinsen von der Stadt und den Bauern eingenommen und die Klosterbauern auspfänden lassen, natürlich mit Lorber's Hülfe, oder wie dieser sich ausdrückt, „da es ihm „nicht gebühre, ihm darin Widerstand zu leisten". Durch diese Verhandlungen wieder gestärkt, lehnte Christoph Lorber am 10. April 1553 das Ansinnen des Herzogs ab, demselben die Zinsen und Pächte einzuhändigen, da es ihm „allenthalben un= „leidlich und zu ewigem Schaden und Verderb gereichen würde, „vor erklärter und liquidirter Sache zur ordentlichen Rechts= „Erklärung und Erkenntniß der von Gott verordneten Obrigkeit" sich zur Willfährigkeit gegen den Herzog zu erbieten. In gleichem Sinne sprach sich auch der Rath der Stadt Stralsund, von welchem der Herzog die Zinsen von den bei demselben belegten

Kapitalien gefordert hatte, am 10. April 1553 aus, indem ein solches Verfahren „gegen Eid und Pflicht, auch gegen gemeines „Recht und natürliche Billigkeit, so wie gegen ihre ausgegebe= „nen Briefe und Siegel sei, so daß sie mit nichten nachgeben „könnten; daß der Prior in der Stadt gewesen sei, „wüßten" „sie nicht, jedoch sei es nicht ohne, daß er vor einiger Zeit „angekommen sei und des Kaisers und des Herzogs Philipp „von Pommern Geleitsbriefe mit feierlicher Protestation habe „insinuiren lassen."

Das Benehmen der Städte war freilich für den Herzog hart, welcher ununterbrochen in Noth und Kampf saß und sein Werk durchzuführen gezwungen war, wenn nicht die katholischen Machthaber auch in Norddeutschland, wie wohl in andern Län= dern, wieder die Oberhand erhalten sollten. Er war aber nicht der Mann darnach, sich in seinem Thun irre machen zu lassen.

Eben so fest, aber freilich nicht so mächtig, war aber auch Marquard Behr, welcher alle ersinnlichen Mittel aufbot, sein Recht zu behaupten. Am 17. März 1553 protestirte, ohne Zweifel auf des Priors Veranlassung, der rostocker Rathmann Gottschalk Hoppenstange mit seiner Familie, welche wahrschein= lich von den Baggel in weiblicher Linie stammten, vor Notar und Zeugen gegen das Verfahren des Herzogs, welcher das von seinen Verwandten den Baggeln gestiftete Kloster ohne ir= gend eine Ursache und Veranlassung eingenommen habe, und cedirte das Kloster mit allem Eigenthum, mit dem „Lehn=, Patronat= und Stiftungs = Recht" dem Rath der Stadt Rostock, um den Rechtsweg gegen den Herzog zu betreten, und der anwesende Burgemeister Johann von Herberden nahm diese Cession an.

Aber Marquard Behr verfolgte auch seinen eigenen Weg und brachte die Sache an das Reichskammergericht. Am 1. Junii 1533 bestellten „der Prior und der Convent des Kar= thäuserklosters" Marienehe den Licentiaten Philipp Seiblin, Kammergerichts = Procurator und Advocaten, zum Anwalt und Procurator in ihrer Sache, und der Proceß nahm seinen Anfang. Am 18. August 1553 ward die Klage der Karthäuser (petitio summaria) beim Reichskammergericht zu Speier an= hängig gemacht und die Ladung des Kaisers Carl V. an den Herzog präsentirt. Am 21. August 1533 ward des Herzogs Procurator Dr. Michael von Kaden beim Gerichte beglaubigt.

So weit hatte es Marquard Behr gebracht, als er nach langem demüthigen Entbehren und heftigem Kampfe um Michaelis des Jahres 1553 starb und zur ewigen Ruhe einging. Die Bestellung des Procurators Seiblin am 1. Junii

1553 ist die letzte Handlung, welche von ihm erhalten ist. Am 16. October 1533 schreibt der Herzog Johann Albrecht an den Herzog von Holstein, daß der Prior der Karthause Marienehe, welcher im vorigen Jahre flüchtig geworden sei, sich eine Zeit lang im Kloster Arensbök, welches damals noch bestand, aufgehalten habe und vor kurzer Zeit daselbst, nach glaubwürdigem Bericht, gestorben sein solle, und bittet, ihm die Siegel und Briefe, welche Marquard mitgenommen habe, zu verschaffen, da er gemeint sei, die Güter des Klosters zum Besten der Universität Rostock anzuwenden. Mag auch das Verfahren Marquards Behr in manchen Stücken starr erscheinen, so nöthigt er doch bei der Reinheit des Karthäuser-Ordens Achtung ab, denn in ihm war Alles Wahrheit, und es erregt ein wohlthuendes Gefühl, wenn man bemerkt, daß so reine Männer, wie Behr und Arsenius, in keinem Verkehr und Bündniß mit den blinden papistischen Eiferern standen.

Die Brüder der Karthause hielten zwar noch immer fest zusammen und erwählten den Christian Westhof, welcher am 16. Junii 1550 als Schaffner des Klosters auftritt, wieder zum Prior; am 17. October 1554 klagen beim Reichskammergericht noch „Prior und Convent des Karthäuserordens Ma„rienehe" und am 3. April im Jahre 1557 wird der „Prior „Christian Westhof" mit Namen genannt [1]). Aber die Säule, welche den Bau trug, war gebrochen.

Der Proceß beim Reichskammergericht ging nun den bekannten, langsamen Gang. Am 18. December 1553 gab der Procurator Seiblin zu Protocoll, daß „die Sache nunmehr „lange angestanden habe und die armen Ordensleute verjagt „seien und ihnen täglich das Kloster mehr abgebrochen „werde." Der herzogliche Procurator von Raben aber war des „Angebens nicht geständig, denn die Sache stehe in gütlicher „Verhandlung, und zweifle er nicht, daß sie werde vertragen „werden, und bat um Zeit", wogegen Seiblin keiner „Güte „geständig" war.

Im folgenden Jahre versuchte der Herzog Johann Albrecht wieder in Stralsund zu den pommerschen Pächten und Zinsen zu gelangen und sandte den Secretair Simon Leupold zum dritten Male nach Stralsund, indem er ihm Briefe vom 1. Mai 1554 an den Rath der Stadt und den Burgemeister Christoph Lorber und Quittungen mitgab, mit dem Ersuchen, seinem Secretair die Pächte und Zinsen, welche er zu der Universität Rostock gebrauchen wolle, auszuzahlen, bat auch

---

1) Vgl. Schröter Beiträge, S. IX.

an demselben Tage den Herzog von Pommern, den Rath von Stralsund zur Zahlung anzuhalten, aber wieder ohne Erfolg. Dagegen mahnte noch am 3. April 1557 „**Christianus Besthoff, Prior der Karthause Marienehe**", den Rath der Stadt Stralsund um die Zahlung der seit dem letzten Michaelistermine fälligen Zinsen, und sprach dabei die Erwartung eines baldigen günstigen Urtheils aus und die Hoffnung auf einen gerechten Rächer der Gewalt.

Am 17. October 1554 überreichten „Prior und Convent des Karthäuser=Klosters bei Rostock" ihre **Klage** und am 7. December 1554 ihre „articulirte Klage" beim Reichskammer=gericht. Am 8. Februar 1555 gab Seiblin zu Protocoll: die Sache habe bei zwei Jahren angestanden und er bitte, den verjagten und spoliirten Ordensleuten zur Restitution zu verhelfen und die eingebrachte articulirte Klage, welche notorisch und landkundig sei, als bekannt anzunehmen. Da der Herzog wohl nichts zur Entschuldigung vorbringen konnte, so trug am 18. September 1555 der herzogliche Procurator Raben vor, er sei berichtet, daß Herzog Ulrich von Meklenburg sich in die Sache geschlagen habe und dieselbe vertragen wolle; er bitte daher um einen Monat Frist. Aber Seiblin wiederholte, er sei keiner gütlichen Handlung geständig, wiederhole seine Klage und bitte, da **seiner Parthei Alimente gebrechen**, derselben zu einer schleunigen Endschaft zu verhelfen. Endlich übergab der Herzog am 27. Januar 1556 die Replik, welche sehr kurz war, und behauptete, daß wo, nach dem augsburger Reichsabschiede vom Jahre 1550, etliche Stände des Reichs etliche Stifte, Klöster und andere geistliche Güter eingezogen und dieselben zu Kirchen, Schulen und andern milden Stiftungen verwandt hätten, dieselben dabei gelassen werden sollten; da nun die eingezogenen Güter der Karthause zu der Universität Rostock gebraucht und verwendet „worden" (?), so folge daraus, daß der Herzog den Klägern Red und Antwort zu geben nicht schuldig sei. Dabei verblieb es. Am 16. December 1556 erklärten beide Procuratoren ganz kurz, daß sie ihre Klagen und Ausreden wiederholten, und zum Jahre 1557 und am 7. Januar 1558 wird im Acten=Protocoll bemerkt, daß in dem Prozesse nichts vorgekommen sei („Anno 1557 nihil actum reperitur"). Hiemit schlief der Prozeß ein, wie mancher andere beim Reichskammergericht, und früher, als mancher andere.

Jetzt war auch die Reformation in Meklenburg ziemlich befestigt; es waren fast nur noch die Herzoginnen Anna und Ursula, mit ihren Anhängern, welche noch lange der reinen

Lehre widerstrebten. In Rostock waren die Eiferer zur Erde gebracht; Dethleb Dancquarbi war im Jahre 1556 gestorben. Auch der stralsunder Burgemeister Christoph Lorber segnete im Jahre 1555 das Irdische und ihm folgte im Amte der Syndicus Dr. Nicolaus Genzkow. Da erfüllte der Herzog Johann Albrecht seinen Lieblingswunsch, die Universität zu verbessern, da er sehr wohl einsah, daß durch nichts mehr die Bildung des Landes befördert werden könne, als durch eine blühende Universität: und hieburch gab er der Stadt Rostock zurück, was sie an geistigen Kräften verloren hatte. Damit stimmte auch wohl das Land überein, denn der Herzog hatte den Landständen schon auf dem Landtage am 25. Julii 1552 erklärt, daß die eingenommenen Klöster zu christlichem milden Gebrauche angewendet, sonderlich aber zu der Universität Rostock gelegt werden sollten, und wiederholte diese Versicherung auf dem Landtage vom 19. Mai 1555. Am 8 April 1557 stellte der Herzog Johann Albrecht der Universität Rostock einen Schenkungsbrief aus und „ordnete zu derselben 3500 Gul„den jährlicher gewisser Aufhebung, nämlich 1500 Gulden, so „die Klöster Doberan, Marienehe und Neukloster jährlich „aus der Sülze zu Lüneburg und im Lande Pommern aufzu„heben gehabt, 500 Gulden von gewissen wiederkäuflichen Sum„men und 1500 Gulden aus jährlichen Pächten, so zu den „Klöstern Doberan und Marienehe gehörten." Hievon sollten „3000 Gulden zur jährlichen Besoldung etlicher Professoren „in allen Facultäten geordnet und sicher gemacht, der Rest „aber zu Schulen und andern milden Stiftungen verwandt „werden [1]."

Als so die Güter der Karthause anderweitige Verwendung gefunden hatten, waren auch die festen Gebäude derselben überflüssig, und theils mochte man Groll gegen die Karthäuser haben, welche von allen Mönchen des Landes allein den Herzogen zu trotzen gewagt hatten, theils mochte man feste Anlagen in der Nähe der stets aufsätzigen Stadt Rostock für bedenklich halten. Nachdem im Jahre 1557 ein Theil des herzoglichen Schlosses zu Güstrow abgebrannt[2] war, wurden im Jahre 1559 die Gebäude des Klosters Marienehe abgebrochen und die Steine nach Güstrow gefahren, um das Schloß damit wieder aufzubauen, wie zu jener Zeit viele kirchliche Gebäude zur Hülfe weltlicher Bauten abgebrochen[3] wurden;

---

[1] Vgl. Krabbe Geschichte der Universität Rostock, I., S. 568—570, und Rudloff Mecklenb. Geschichte III., 1, S. 170—173.
[2] Vgl. Thomas Analecta Gustroviensia, p. 147, u. Jahrb. V. S. 23 u. 70.
[3] Vgl. Jahrb. V., S. 15, 23 und 28.

auch Privatleuten in Rostock ward gestattet, sich Mauersteine von Marienehe zu holen. Die gleichzeitige rostocker Chronik¹) sagt: „1559. Ju dissen har wordt dat kloster MarinE dale „gebraken vnd de stene na Güstrow gevort dat slot dar myt „tho buwen, vnd don doctor Bowke syne huse buwen wold yn „der breden strat, dar let he of vast 40 voder halen van den „stükkstenen van Marine." Dieser Abbruch ist denn auch so gründlich geschehen, daß von dem ganzen Kloster kein Stein mehr vorhanden²) ist.

So verschwindet das Kloster immer mehr aus der Geschichte. Wie es bei der Säcularisirung der Kirchengüter herging, zeigt unter tausenden deutlich ein Fall in dem Kloster Marienehe. Das Kloster Doberan hatte bei der Aufhebung einen schweren goldenen Kelch verheimlicht und den Karthäusern in Verwahrung gegeben. Hievon hatten die Herzoge zu der Zeit Kunde erhalten, als die Herzogin Ursula, Aebtissin zu Ribnitz, von ihnen die 450 Mark zurückforderte, welche diese dem Vater der Herzoge geliehen hatte. Zur Abtragung dieser Schuld forderten nun die Herzoge im Anfange des Jahres 1561 von den „Karthäusern aus Marienehe, jetziger Zeit zu Rostock", die ungesäumte Auslieferung des Kelches, und die Aebtissin Ursula bescheinigte am 27. Februar die Empfangnahme desselben.

Die letzten Karthäuser lebten in Rostock und in Lübek.

Im Anfange des Jahres 1561 lebten noch mehrere „Kar¬ „thäuser, sämmtlich aus Marienehe zu Rostock", da die Herzoge Johann Albrecht und Ulrich ein Schreiben an sie erlassen, welches sie auch befolgen. Mittlerweile hatten sich auch die Dominikaner=Mönche in Rostock wieder angefunden und sogar einen Prior gewählt, obgleich schon im Jahre 1534 das Kloster aufgehoben und in eine lateinische Schule verwandelt war. Die Dominikaner, welche im Stillen wieder Anhang in Rostock gefunden haben müssen, nahmen nun die letzten Karthäuser bei sich in Rostock auf, um für den Fall eines günstigen Urtheils an Ort und Stelle bei der Hand zu

---

1) Vgl. Jahrb. VIII., S. 192 flgb.
2) Auf einem Grundplane des Hofes und der Feldmark Marienehe von dem Baumeister Piloot vom Jahre 1617 im schweriner Archive ist hinter dem Hofe auf der Wildniß, wo das Kloster gestanden hat, noch ein Gebäude von zwei Flügeln, welche im rechten Winkel an einander stoßen, durch Puncte angedeutet; dies sind wahrscheinlich die Fundamentruinen eines Theils des ehemaligen Kreuzganges. In einem Inventarium der Gebäude vom Jahre 1655 waren 8 nothwendige Wirthschaftsgebäude in Vollständigkeit vorhanden; jedoch waren alle aus Fachwerk, und massive Gebäude werden nicht mehr aufgeführt.

sein. Die Karthäuser in Rostock aber waren der Karthause Marienkloster bei Hildesheim untergeben. Am 22. Junii 1565 schrieb Johann von Münster, Prior der Brüder der Karthause Marienkloster bei Hildesheim, an den Prior Hermann Otto[1]) vom Predigerorden zu Rostock in bewegten Ausdrücken, indem er demselben für die freundliche und gastliche Aufnahme seiner Brüder, von welcher ihm der Bruder Mathias berichtet habe, dankte und ihm die Karthäuserbrüder Mathias und Servatius angelegentlich empfahl, welche friedlich und stille verharren sollten, bis sich etwas ereigne.

Der Bruder Mathias war der Karthäuser Mathias Sasse, welcher der letzte Bruder der Karthause Marienehe war und die letzten Jahre seines Lebens dazu gebrauchte, die Rechte und Güter seines Klosters sicher zu stellen. Als die letzten Brüder zu Rostock außer ihm gestorben waren, verließ er Rostock und ging nach Lübek, wo sich noch ein Bruder Matthäus Meier aufhielt. Diese beiden waren im Jahre 1574 die letzten „zwei Mönche, welche noch am Leben" waren. Im Jahre 1556 hatten „Prior und Convent des Klosters „Marienehe durch Matthäus Meier, gewesenen Convents„bruder oder Karthäuser zu Marienehe, einen Halb„bruder des Burgemeisters Ambrosius Meier zu Lü„bek", diesem 1500 Gulden übergeben, damit die Karthäuserbrüder die Zinsen von diesem Capitale die Tage ihres Lebens genießen könnten. Am 3. August 1562 schrieb des Herzogs Albrecht von Preußen Secretair Balthasar Gans an den Herzog Johann Albrecht, der (berüchtigte und schlaue) Ritter Friedrich Spedt habe ihm erklärt, „die Briefe über die Karthause „bei Rostock habe ein Mönch, des Burgemeisters Marx (?) „Meier zu Lübek Bruder, weggeführt und nach Lübek in ein „Kloster gebracht, und wenn der Herzog ihn, den Ritter Spedt, „darum ansprechen, so wolle dieser dem Herzoge die Wege wei„sen, daß er sie wieder bekomme." Dies ist nun wohl nicht ganz richtig; denn die Urkunden des Klosters liegen im Rathsarchive zu Rostock, und in Stralsund sollen auch noch Urkunden vorhanden sein; auch ist der Vorname des lübeker Burgemeisters nicht richtig angegeben. Das ist aber richtig, daß Matthäus Meier Geld, vielleicht auch einzelne Schuldverschreibungen nach Lübek gebracht hatte. Nach dem Tode des Burgemeisters Meier cedirten im Jahre 1571 die noch lebenden Mönche

---

1) Der Dominikaner-Prior Hermann Otto war schon 1556 in Rostock (vgl. Schröder Evang. Meklb. II., S. 145) und lebte noch am Ende des Jahres 1571 daselbst; vgl. Schröder Evang. Meklb. III., S. 84.

den Hauptstuhl „den armen vater- und mutterlosen Kindern" zu Lübek oder „des Armen-Kinderhauses Vorstehern", da sie von Anfang an entschlossen gewesen seien, die Hauptsumme, „die sie sowohl durch ihren sauren Schweiß und Arbeit, als „auch durch ihr sparsames Leben vor sich gebracht, wiederum „in die Hände der Armen zu geben", und sich nur die Renten für die Zeit ihres Lebens vorzubehalten. Aber selbst bei dieser ehrenwerthen Gesinnung kamen die armen Mönche zu kurz, da die Zinsen seit dem Jahre 1564 bis 1574 nicht gezahlt waren und die Vorsteher des lübeker Waisenhauses sich schon als völlige Herren des Geldes betrachteten. Als nun im Jahre 1574 nur noch zwei Mönche am Leben waren, forderten die Vorsteher des Waisenhauses von den Erben des Burgemeisters Meier das Kapital. Zugleich aber begehrte auch der Herzog Johann Albrecht, der dies alles in Erfahrung gebracht hatte, dasselbe, weil „es des Herzogs Kloster entwendet" sei. Die Vorsteher des Waisenhauses brachten im Jahre 1574 die Sache vor den Rath und behaupteten, die Summe gehöre nicht dem Kloster, sondern sei ein Nothpfennig der Brüder. Der Schwiegersohn des Burgemeisters, Franz von Stiten, rieth nun dem Herzoge, Beschlag auf das Geld legen zu lassen, während die Vorsteher darauf antrugen, daß, da noch zwei Brüder Mönche am Leben seien, die Hauptsumme „zu Jemandes Rechte" sicher belegt werde. Der Rath von Lübek aber eröffnete den Rechtsweg und erließ eine Ladung an den Herzog. Und damit enden die Acten und wahrscheinlich die ganze Sache, da der Herzog Johann Albrecht am 12. Februar 1576 starb.

Am 8. Junii 1574 hatten die beiden letzten Brüder Mathias Sasse und Matthäus Meier aus der „zerstörten Karthause Marienehe" eine Lade mit den Urkunden über die lüneburger Sülzgüter der Karthause dem lübeker Dom-Vikar Heinrich Duncker in Verwahrung gegeben. Als nun diese Urkunden zur Geltendmachung alter Rechte gesucht wurden, konnte man am 7. Mai 1575 nichts weiter von Matthias Sasse herausbringen, als daß „die Lade nicht mehr bei Heinrich Duncker" vorhanden sei und keine andere Urkunden und kein Geld enthalten habe.

Nachdem auch Matthäus Meier im Jahre 1574 gestorben war, cedirte „Mathias Sasse, der letzte der Karthause Marienehe", zu Lübek in Gegenwart der Dom-Vikare Nicolaus Gribbenitz und Heinrich Duncker, im Hause des Gribbenitz, am 22. Junii 1575 unter des Klosters Siegel, welches er bewahrte, dem Rath der Stadt Rostock, welcher den Brüdern auch nach der Aufhebung des Klosters viel Gutes erzeigt habe, alle

Gerechtigkeiten der Karthause und alle Urkunden, welche er in Verwahrung hatte, unter der Bedingung, daß der Rath Alles, was er von des Klosters Besitzungen gewinnen und einnehmen würde, zu Gottes Ehren wieder anwenden und dem Kloster zurückgeben solle, wenn es wieder in den vorigen Stand kommen würde. Hiernach zog sich Mathias Sasse in die Karthause Marienkloster bei Hildesheim zurück und cedirte hier in Verfolg seiner frühern Cession am 10. August 1576 unter des Klosters Siegel dem rostocker Rathssecretair Bernhard Luschow eine Lade mit Urkunden des Klosters, welche in Rostock stand, und was sich dort sonst noch von dem Eigenthum der Karthause befinden mochte, und bevollmächtigte denselben zu allen Handlungen für das Beste des Klosters.

Und dies ist die letzte Nachricht von der Karthause und deren Brüdern, welche ein halbes Jahrhundert lang mit unbeugsamer Beharrlichkeit in allen Formen des Rechts und Bestehens gegen die anschwellenden Wogen der Zeit angekämpft haben, bis sie darin untergegangen sind. Und so ist von der Karthause Marienehe, welche die innigste Theilnahme verdient, nichts weiter übrig geblieben, als der Name und das Andenken der Nachwelt.

Urkunden.

Nr. 1.

Marquard Behr verkauft einer Vikarei in der Kirche zu Tribsees 6 Mark Pacht aus dem Dorfe Koitenhagen.

D. d. 1515. März 6.

Marquard Bere verkaufft hern Petro Walkowen, bischoffe zu Zwerin als Lehnhern vnd Martino Kostere Vicario in der Pfarkirchen zu Tribuses vor 100 Mk. sundisch 6 Mk. Pacht im Dorffe Kotkenhagen ꝛc. Datum 1515, Dinxtedages vor Gregorii.

Aus Daniel Clandrian's Protocol der Schwerinschen Stiftsbrieffe. Die Urkunde selbst fehlt.

Dies ist wahrscheinlich dieselbe Urkunde, welche nach einem im Geheimen Archive zu Kopenhagen aufbewahrten Verzeichniß etlicher Briefe der Kirche zu Tribsees folgenden Inhalt hatte:
"Ein teutesch brieff, dar in Marquarbt Bhier dar in "ehr ehr bekendt, das ehr ist schuldig dem Bischoff zu Schwe-"rin VI mr. sundisch ierlicher zinse fur 100 mr. lub. haupt-"summen alle iar auff sanct Martens tage zu betzalunge, hatt "sich aber den widderkauff vorbehalten. Im Dato 1515.

Nr. 2.

Der Karthäusermönch Marquard Behr bittet den Herzog Bugislav von Pommern, den Hans von Schwerin für den unmündigen Sohn des verstorbenen Hermann Behr, seinen nächsten Lehnserben, nach seinem Eintritt in den Karthäuserorden, zum Vormunde zu bestellen.

D. d. Marienehe. 1517. Sept. 18.

Durluchte, hochgebarenn furste vnde gnebige here. Myn beth tho gade deme heren vor iwe furstlike gnade stede boreit.

Gnedige here. Ick danke iwer furstliken gnaden vor iwer gnaden bref, den iwe f. g. dorch forberent des gheftliken vnde innigen brober Henninges carthuser in iwer gnaden kloster bi Stettin gnebichliken ghegeuen heft, welkeren bref Hans Swerin heft mhy sodanen fruchte vnde geboren angenamen, so em bohorde vnde he schulbich was, vnde heft sick in aller mate vnde wise na iwer f. g. schriften borliken iegen mhy gheholden. Worumme, burluchte, hochgebarenn furste vnde gnebige here, is an iwe furstlike gnade myn othmobige bogeren vnde demobige bebe, i. f. g. wil Hans Swerine in enen vormunder confirmeren beme vnmundigen sone zelige Hermen Beren, mineme negesten lenehruen der ghuber, be beme vnmundigen na miner profession rechtliken thokamen, na lude vnde inholde enes contractes, dorch be frunde in beme contract bonomet twisken vns bobebinget, des Hans Swerin vor iwer forstliken guaben enen bosegelben bref ertogen wert. Dat wil ick mhy alleme vlite mit mineme bebe vorbenenbe sin an iwe f. g. tho gabe beme heren, beme ick iwe forstlike guabe bouele tho ewigen tiben mhy iwer gnaden stebe vnde lanbe. Datum Marhenee, anno domini M CCCCC XVII, amme vrhgbage na exaltationis crucis.

Iwer gnaden bener
brober Marquarbus Bere.

An ben borchluchten, hochgebaren forsten vnde heren, heren Buggeslaue, hertogen to Stetthn, Pameren, Cassuben, der Wende hertoge vnde forste tho Rohen, graue to Gutzkow, mhneme g. h., in aller othmobhcheht geschreuen.

<small>Nach gleichzeitiger Schrift, auf Papier, im Archive der Stadt Rostock, zusammengefaltet, jedoch nicht besiegelt; es ist nicht zu entscheiden, ob es Original oder Abschrift ist. Auf der Rückseite steht die Registratur: „brober marquarbus ber".</small>

Nr. 3.

Der Burgemeister Christoph Lorber und die Brüder Joachim und Curd Oseborn, die Erben des Peter Völkow und die Erben des Curd Bnke verpfänden dem Prior Marquard Behr und den Brüdern des Karthäuserklosters Marienehe 6 Mark Pacht aus dem Dorfe Mützkow.

D. d. Stralsund. 1528. Mai 5.

In Gades namen amen. Wy her Christoffer Lorbere, borgermeister, Joachim vnd Cordt Dzeborne, gebruder, erffzethen burger thom Sunde, van vnsenth wegen, ehns, ock alße gefaren recthe vormunder der nagelathen webeuen zeliger Peter Bolkowuen, ander, ock wy vorgemelthen sampth Er Andreues Polterian, rathmanne, alße recthe erwelde vormunder der nagelathen kynderen zelygen Curth Buken, drubden behls, Bokennen vor vnß, vuße eruen vnnd vor by ienne, vnnd wy eruen, dar wy vormunders tho synth, botugende apenbar in vnnd meth dessen vnßen bryue vor alsweme, dath wy ehndrechtychliken meth wolbedachten mode vnnd wulborde all der iennen, der dar an bolegen is effte werden mach, hebben recth vnnd reddelyken vorkoffth vnnd vorlathen vnnd noch iegenwerdich hyr meth vorkopen vnnd vorlathen deme werdigen vnnd innygen tho Gade Marquardo priori vnnd deme gantzen Conuenthe deß klosters Marienehe, Carthuser ordens, vor der Stadt Rostock bolegen, vnnd all aren nakamelyngen vederen vnnd bruderen in deme gedachten Kloster soß marck sundesker munthe iarlyger plege vnnd vpbaringe in vnnd vth vnßem dorpe Muskow, in dem kaspel Nipertze by der bonomeden stadt Sundt bolegen, in vnnd vth deme haue vnnd houen in deme vorbonomeden dorpe bolegen, dar nw vppe waneth vnnd bowueth Pauel Backhuß, vnnd vth alle syner thobohoringe bynnen effthe buten dorpes, nijctes vthgenamen, Welke soß marck schalen by vorbonomede vedere vnnd bruder alle iar frylken vnnd frebesamlyken vpheuen vnnd baren vp sunthe Mertens dach beß hilgen biscoppes, vor anderhalff hundert marck sundesker munthe houethstuls, welke wy bauengerurde den gedachten vederen vnnd aren ewygen nafolgeren hebben thogesecth vnnd noch iegenwarbigen thoseggen vth orsake ehns bryues, vp ehn hunderth gulden houetstuls ludende, in ewen hauen vnnd houen deß borurden dorpes, van zeligen Pauel Morder vorsegelth, welken sumez vth sunderger gunsth vnnd fruntschap gemibbelth vnnd den bryff vnß gutlich auer anthwerdeth. Wereth auers sake, dath idt bohoff worde wesende, so magen by vedere vnnd bruder besse soß marck panden ebber panden laten, vnnd wy vnnd vnße eruen schalen vnnd wyllen em dar tho helpen, wo waken wy dar tho geesketh werden, sunder gegenseggen ebber anders tho manende dorch geistlich ebber werlich recth, sunder brake effthe vnße vorhinderhnge. Ock whlle wy meth vnßen eruen den vorbonomeden vederen besses gudes em im recthe ehne were wesen, vnnd em dath entfryhgen vnnd verblynen van den heren deß

landes vnnd cleger van aller anfprake. Were ock beſſe bryff in iennygen artikel vorſumeth, de dar bohoren tho eynen rec=
then, redbelyken kope, ſchal den gedachten vederen nergen in vorfencklich weſen, ock magen by vedere funder vnſen vnnd vnſer eruen willen ebber wulborth funder vornyginge effthe vorwandelynge deſſes bryues be borurthe ſoß marck meth aren houethſtule vorgeuen, vorkopen ebber vorbuthen, weme ße wyl=
len, geiſtlygen ebber werlygen perſonen, vnnd weme ße ßo vorkopen, vorgeuen effte buthen, ſchal deſſe iegenwardige bryff in alle ſynen artikelen alßo bohulpplich weſen, effte he em van worde tho worde thogeſcreuen were. Worthmer vmme ſundi=
ger gunſth vnnd fruntſcaph wyllen hebben vnß vnnd vnßen eruen die belegebacthen vedere gegunth vnnd gegeuen ben ewy=
gen webberkop beß vorbeorurden gudes, ſo dath wy ehm magen thoſeggen up ſunthe Johannis, babtiſten dach tho middenzamer, vnnd denne up ben negeſthen ſunthe Michaelis dach botalen anderhalff hunderth marck ſundeſker munthe meth den ſoß mar=
ken plege vnnd thynſe beß ſwlueſthen iars, meth aller pacth vnnd upbaringe, ßo dar weß naſtendich were, bynnen der vor=
bonomeden ſtadt Sundt, tho eyner tyth, tho fuller noge, in guden pagimente, alße denne thom Sunde genge vnnd geue is. Alle deſſe varbonomede ſtucke vnnd artikel ſamptlyken vnnd bo=
ſunderlyken laue wy Er Criſtoffer Lorbeere, borgermeiſter, Er Andreas Polterian, rathmann, Joachim vnnd Cordt Oꝛeborne, gebruder, vor vnß, vnße eruen vnnd vor dy, dar wy vormun=
der tho ſynth, vnnd vor aren eruen, den gedacthen vederen vnnd aren nakamelyngen vnnd ben hebberen deſſes bryues meth aren wyllen ſtede, waſthe wol tho holdende ſunder alle arch vnnd geferde. Deß tho orkunth vnnd groter bokantnyße hebbe wy her Criſtoffer Lorbere, borgermeiſter, vnnd Andreas Polte=
rian, rathmann, Joachim vnnd Cordt Oꝛeborne, erffzethen bur=
ger thom Sunde, vor vnß, vnße eruen, vor by vnnd are eruen, dar wy vormunder tho ſynth, vnße ingeſegel meth wyllen ge=
hengeth an deſſen bryf, den by Erßamen Er Jacop Kluße vnnd Er Bartholomeus Buchow, rathmanne thom Sunde, tho der wytlicheit vmme vnßer bede wyllen hebben mede vorſegelth. Gegeuen na der geborth Chriſti vnſes heren XV^c vnnd XXVIII, des binsckebages na Philippi vnnd Jacobi der hilgen appoſtel.

Nach dem Original im Archive der Stadt Roſtock. An Pergament=
ſtreifen hangen 3 runde Siegel:
1) mit einem Dammbrett mit 9 Feldern im rechts gelehnten Schilde unter einem Helme mit einem Pfauenwedel, mit der Umſchrift:

S : h : kriſtoffe · lorbere ·

2) mit einem linken Schrägbalken, auf welchem brei laufende Füchse bargestellt sind, mit einer Rose im untern und Laub=
werk im obern Schildwinkel, auf einem links gelehnten Schilde, unter einem Helme, mit der Umschrift:

S . KORT . OSEBORNE

3) mit demselben Wappen und der Umschrift:

S . ACHGIM . OSEBORNE

4) mit einer Hausmarke und der Umschrift:

andreas · pullterian

5) mit einer Hausmarke und der Umschrift:

iacob · klucce

6) mit einer Hausmarke und der Umschrift:

bertholmeus · buchow.

Nr. 4.

Der Prädicant Barthold wird bei der Jacobi=Kirche zu Rostock angenommen.

1529.

An. 1529 haben die Bürger (der Stadt Rostock) so in= ständig bey E. E. Rath angehalten, daß sie auch zu St. Ja= cob einen Lutherischen Prediger bekommen, Nahmens Barthol= bum, einen Discipulum des Slüteri, welcher aber bald von denen Canonicis derselbigen Kirchen, als des Thums, als auch weil in diesem Kirchspiel die Academie, das Frater=Kloster, das Jungfrauen=Kloster, des Abts und Herrn von Dobbran Hoff und des Priors zu Marienehe Hauß, welche alle annoch ehfrig papistisch, gelegen, mit Bewilligung des Raths, darinnen auch annoch viele Papistisch Gesinnte, abge= setzet worden. Allein so hat sich dessen die Bürgerschafft also angenommen, daß er das folgende Jahr darauff Ann. 1530, nachdem Bartholdus Mollerus, des Collegii derer Canonicorum Decanus und der Academiae Rector gestorben, ist wieder ein= gesetzet worden.

Aus Grapii Evangelischem Rostock, S. 58 flgd.

Nr. 5.

Der Kaiser Carl V. nimmt die Karthause Marienehe in Schirm und Geleit und bestätigt alle Rechte und Besitzungen derselben.

D. d. Augsburg. 1530. Sept. 14.

Carolus quintus diuina fauente clementia Romanorum imperator semper augustus ac Germanie, Hispaniarum, vtriusque Sicilie, Hierusalem, insularum Balearum, Sardinie, Insularum Fortunatarum et Indiarum ac Terre Firme, maris oceani etc. rex, archidux Austrie, dux Burgundie. Brabancie etc., comes Habspurgi, Flandrie, Tyrolis, Arthesii etc., lantgrauius Alsacie, marchio Burgouie et sacri Romani imperii princeps Sueuie, Cathalonie etc., dominus Frysie, Meline, Salinarum etc.

Notum facimus tenore presentium vniuersis: imperialem decet clementiam rationi consonis subiectorum et presertim personarum diuino cultui deditarum votis et petitionibus satisfacere: hinc est quod cum pro parte honorabilis et religiosorum deuotorum nobis dilectorum patris et conuentus cartusie in Marienne prope oppidum Rostoccensem, Zwerinensis diocesis, nobis humiliter supplicatum sit, quatenus de nostre solita benignitatis clementia ipsos ac monasterium seu cartusiam prefatam, eorum homines subditos, res atque bona in nostram et imperii sacri protectionem et saluiguardiam suscipere et eis omnia et singula priuilegia, literas, libertates, concessiones, donationes et gratias, que et quas a diuine memorie Romanorum imperatoribus et regibus aliisque principibus et Christi fidelibus obtinuisse, eorumdem possessionem hactenus habuisse noscuntur, approbare, ratificare, innouare et confirmare gratiosius dignaremur. Nos itaque dictorum patris et conuentus prefate cartusie supplicibus precibus pro innata nostra benignitate annuentes, attentis inprimis laudabilibus eorumdem vite et religionis obseruanciis, necnon singulari deuotione, qua nos prosequuntur, ex certa scientia auctoritate nostra Romana cesarea prefatos patrem et conuentum dicte cartusie in Marienne vna cum eorum hominibus subditis, bonis et rebus uniuersis et singulis in specialem nostram et imperii sacri protectionem, tuitionem et saluiguardiam recepimus et assumpsimus tenoreque presentium recipimus et assumimus gratiosius, eisque omnia et singula priuilegia, libertates, concessiones, donationes, litteras et gratias, ipsis vel maioribus suis tam a diuis Romanorum imperatoribus et regibus, quam aliis principibus et Christi fidelibus rite recteque concessa et tradita, concessas et traditas, in omnibus suis tenoribus, punctis et clausulis, que et quas hic pro insertis haberi volumus, approbauimus, ratificauimus, innouauimus et confirmauimus, prout tenore presentium approbamus, ratificamus, innouamus et confirmamus gratiosius, nostris tamen et imperii sacri ac cuiuslibet alterius iuribus in premissis semper saluis. Nulli ergo omnino hominum liceat hanc nostre protectionis, tuitionis, approbationis, ratificationis, innouationis, confirmationis, gratie et voluntatis paginam infringere vel ei temerario ausu contraire; si quis autem id attemptare presumpserit, nostram et imperii sacri indignationem et penam viginti marcarum auri puri, toties quoties contrafactum fuerit, se nouerit irremissibiliter incursurum, quarum medietatem fisco nostro cesareo, reliquam vero partem iniuriam passorum vsibus decernimus applicandam, harum testimonio literarum sigilli nostri appensione munitarum. Datum in ciuitate nostra imperiali Augusta, die decima quarta mensis Septembris, anno domini millesimo quingentesimo tricesimo, imperii nostri decimo, regnorum nostrorum decimo quinto.

Carolus.

Alber: card. Mogunts. etc.
  archicancellarius sst.

V̇ Waltkirch.

                  Ad mandatum caesareae
                  et catholicae maiestatis
                          proprium
                     Alexander Schweis.

Nach dem Originale mit dem an einer schwarzen und gelben seidenen Schnur hangenden großen kaiserlichen Siegel im Archive der Stadt Rostock, nach einer Abschrift des Professors Schröter.

Nr. 6.

Das Karthäuserkloster Marienehe bittet den Herzog Heinrich von Meklenburg, dasselbe mit der Lieferung von Bauholz aus des Klosters Holzung im Amte Schwaan zu verschonen.

D. d. Marienehe. 1532. März 12.

Buse beth to godt almechtich mit vnberbenigen, vorplichten, willigen denſten J. ff. g. ſtede borcht. Durchluchtige, Hochgebaren ffurſte vnd Here, g. h. Wi armen brodere von J. ff. g. bemodich erfunt, dat wy vth J. ff. g. iungeſten breue, worinne J. ff. g. XX ſtuffe holtes bogerede, gantz bedrouet ſyn, nhabeme in vorigen tiden vnde ſchyr alle iar vth vnſeme klenen holte in J. ff. g. vogebie tho Swán vele ghekamen, is vnde be besten vnde meisten holtere vorhouwen, so dat ouerich is, tho vnser notorft gár klén vólt. Worumme, gnedige, hoch= gebaren ffurste vnde here, bibbe wy dorch godt, J. ff. g. wil vth furstliker mildichept vnse gelege mit betrachten, angesen wy allene eyne koppele, dar weinich ekene inne stán, welker van den personen desses conuents geplantet, vnde sus nén bwholt hebben, vnde vnß gedachter bosueringe gnedichlik vordragen, dar wy, kennet godt, sus in vnser notroft wurden tho sér bolestet. Wy weten negest gabe kene vortrostinge, be= sunderlik in dessen swaren tyden,. Alse J. ff. g. Hyrumme, g. h. vnde ff., wil J. ff. g. vns nu nicht vnderlaten in bo= melten vnde anderen bekummeringen, men vnse closter deme Almechtigen gabe tho lofprisinge, wo id gheftiftiget is, vnde J. ff. g. tho ehren hanthauen vnde bescutten, wo J. ff. g. hochlouiger dechtnisse vorolderen vnde J. ff. g. wente in dessen dach gnedich vnd louelik gedán hebben, dat wil wy armen bro= dere webberumme na borliken vnde steden flite an J. ff. g. vordenen mpt vnseme bede tho deme almechtigen gabe vnde wor mpt vnse armót J. ff. g. tho eren vnde gefallen tho synde vormach. Hyr mpt wyl wy J. ff. g. deme almechtigen gabe ewich bouólen J. ff. g. selich vnde gesunt to sparen in langeme heilsamme regimente J. ff. g. lande vnde stedere. Datum Ma= rienE, dingtedages na Letare, anno ꝛc. XXXII.

J. ff. g.

arme vnderdenige capellane
broder Marquardus prior
vnde gantz conuent der
carthus MarienE.

Deme durchluchtigen, Hochgebaren ffursten vnde Heren, Heren Hinrike, hertigen to Mekelenburg, ffursten to Wenden, grauen to Swerin, der lande Stargarde vnde Rostock Heren, vnseme g. h. demodich vnde vnderdenich.

Nach dem wahrscheinlich von der Hand des Priors Marquard Behr ge= schriebenen Originale im großherzogl. mekenb. Geh. u. H. Archive zu Schwerin, besiegelt mit dem Siegel des Klosters Marienehe.

Nr. 7.

Notariats=Document über die Verhandlungen wegen des aus der Karthause Marienehe entlaufenen Conversbruders Hans Prange.

D. d. Marienehe. 1532. April 2.

In Gades Namen, Amen. Kunth vnde apenbar sy allen, de disth Jegenwardighe apenbar Jnstrumente seheenn edder horen lesenn, Dath Jnth Jar Dusent Visshunderth Twe vnnd druttich, In der Vofsthen Jndiction, Dingtedags In deme Vasthenn, den andern Dagh des Mantes Aprilis, des Allerdurchluchtigisten, Grotmechtigesten Heren Heren Caroli Rhomisches kehsers van deme namen des Vofstenn, syner kehserlikenn Maiestatt bekroninghe In deme Drutteinden Jare, Tho der Carthus MarienEe genompth vor Rostock belegenn, darsulues Im Gasthuse, vor benn Hochgelerten vnde Erbernn Herrn Johann Oldenborp, der Rechte Doctor vnde Syndicen, vnde Johann vann Heruerden, Rathman tho Rhostock, furstlicher Gnade Commissarien vnde beuelhebbern, tusken deme Ersamen Hans Prangen, an der ehnen, vnde den Prior vnde gantze Connent, an der anderen siden, fruntlich tho handelende orer twiste vnde gebreke haluen, van deme Dorchluchtigenn, Hochgebarnen Furstenn vnde Herenn Herenn Henrich, Hertogenn tho Meckelnburch rc. sunderlich vorordent, In mhns apenbar Schriuers vnde nachgeschreuen tugen dhar tho sonderlich geropenn vnde gebebenn Jegenwardicheit, Js personlich nach Jnsoderinghe gedachter Herrn Commissarien Hans Pranghe mith ethlikenn vth deme Rade vnde anderen Vorgern thom Handel gebeben vnde vth geforderten herenn vnde frunden erschenen vnde vorgekomenn, vmme sin werff vortobringen laten, Vnde als gedachte heren Commissarien sin werff vnde anbacht tho horende geneigt, vnde Hans Prange deme ock also nochtobonde willens, Js gedachte Herr Prior mith sampt deme Vicario vnde Schaffer Jnn vnmode, freuell vnde, als vth synem geberenn erschenen, tornich upgestanden vnde In deme wechgande mit apenbarer, vorstentliker stemme gesecht, Jnth gemene nhemande mith nhamen beschedende, he dachte mith kehnen vorredern vnde vienden des Crutzes Christi tho handeln, Vnnd vhabeme de worde also gemein vnde de anderen sick berßuluigen tho hertenn genamen, Szo hebben gedachte heren Commissarien dorch vpgemelten Doctor Johann Oldenborp, dar vann dat de Prior also denn Handell freuelich afsloch vnde sick Jn frunt-

lifen handell vormoge furstlicher Gnade Commission tho vor=
achtinge der suluigen nicht Inlatenn wolde, vnde dann synem
des Prioris freuelschen wechgande vnde erer der Commis=
sarien gedanen Deinsthe vnde flithe bedingt vnde protesteret
vnde mh Notarien mhnes gedanen edes vnde amptes erfordert
vnde vormant, ehn edder mher Instrumenta tho makende, vnde
Is also geschehen Im Iare, Indiction, Daghe vnde Manthe
vnde anders, wo baueuschreuen, In byweßende der Erßamen
Peter Brummers Borger tho Rostock, Szwerinsches, vnde Hie=
ronhmus Rhanen, Magdeburgisches Stifftes, alß Thuge hir
tho ßonderlingen geropen vnde gebedenn.

(L. S.)   Vund bewile Ick Lambertus Tackell, Clerick
Verdisches Bischopdoms, vth kehserliker ge=
walt apenbar Schriuer, allen vorigen gescheff=
ten vnde handelen, do be also geschegen, mith
ßampt vorbenompten Tugen binn Iegenwar=
dich an vnde auer geweßen, Daromme hebbe
Ick bith Iegenwardige apenbar Instrument,
dorch ehnen andern loffwerdigen trewlick ge=
schreuen, dar auer gestellt, Ock mith mhnem
namen vnderschreuen vnde mith mhnem wont=
liken tekenn vortekent vnnd befestet, thor tu=
chenisse aller vpgemelten Dingen, dartho sun=
derlingen geforbert vnde gebeden.

Nach einer gleichzeitigen beglaubigten Abschrift im großherzogl. mecklen=
burgischen Geh. u. H. Archive zu Schwerin.

Nr. 8.

**Schreiben des Rathes der Stadt Rostock an das Kar=
thäuserkloster Marienehe wegen des entlaufenen
Conversbruders Hans Prange.**

D. d. Rostock. 1532. April 9.

Vnsen gruth touorne. Wh heben juwe schriuent vnde
entsculdinge van wegen des handels, so am jungesten twisken
itliken den vnsen vnde jw sik togebragen, lesende vornamen,
Vnde hebben warlik sodane vnbedachte vornement an jw web=
ber vnse radesledematen, vorwanten vnde inwanre, sunderlik
ouerst desfals furstliker commission, de gh tome wehnegesten
dar inne beschonen scholden, kenes weges vormobet, Hebben ok
van ene vele andere berichtinge des gheschestes, alze vth juwen

breuen, entfangen, nomlik dat nicht grote hupen lude, dan
alleye teyen borger vnde togebeden frunde dar ge=
wezen syndt, van welkeren Inwe prior myt deme schaffer
vnde vicario trotßiges gemotes wechgelopen vnde geredet, Int
gemeyne, men dachte myt neuen vorrederen vnde vianbe des
cruces Christi to handelen, vngenomet Prangen, dar gy
itzunder de vorgetenheyt gerne vpsmukken wolden, Welks so vele
alze furstlike werdicheyt darinne belanget, wille wy dar henne
gestellet laten, Oft ehre f. g. to solchen handelen, de vorredere
vnde vianbe Christi bedreyen, commission gegeuen hebben etc.
Querst wolden denne noch ok vor vnse persone solche de alber=
hogesten schantflekken der vorrederye vnde vhantskop gades Al=
hyr by inwanende vnde vns vngerne gedulden vnde dar myt
to vneren delastich maken, ane berhoment to reden, Dat ok de
prior vtherhaluen Inwe weten vnde willen solks scholde ge=
handelt hebben, Wile he strags vth juwer vorsammelinge ge=
kamen, van jw in iegenwerdicheyt der vnsen vngestraffet geblefen,
Ja nha deme ok beyde, schaffer vnde vicarius, samt deme prior
stille suigende vnde de wort vulbordende vpgestanden vnde wre=
felich wechgelopen, wete wy als vnuormotlik nicht optonemende
juwe entsculdinge, Der wegen de vnsen geborlike forderinge na
vth der groten gewalt, hon vnd smaheyt vp idt flitigeste van
vns bogeret hebben, der wy vth bewechliken orzaken ene nicht
weten aftoslande, Vnd darmyt jw vprhor, wedderwille
vnd varlicheyt, de gy suluest ane noth angerichtet, vor=
meden bliue, So werden gy vnde de Inwen alhyr to
kamende to Wiberunge nicht orsake geuen, so lange
dat de sake in geborliken wandel gebracht vnde de vnsen der
wegen rechtes ebber anders auer jw bekamen hebben ebber wo
gy iw des vth gesateden wresel nicht entholden vnd vns dar
auer myt iw bringen werden, Alsdenne mote gy wedderumme
ok de last vnde schuldt vthbragen. Dar nha gy jw wol
werden wetthen to holden, Datum vnder vnser Stadt Secret,
Dingtedages nha Quasimodogeniti, Anno etc. XXXII.

Burgermeistere vnd Radtmanne
der Stadt Rostock.

Nach einer gleichzeitigen Abschrift, wahrscheinlich von der Hand des
    Priors Marquard Behr, im großherzoglich mekklenburg. Geh. u.
    H. Archive zu Schwerin.

Nr. 9.

Der Syndicus Dr. Oldendorp und der Rathmann Hans von Herverden zu Rostock, als herzogliche Commissarien, berichten an den Herzog Heinrich über die Verhandlungen wegen des aus der Karthause Marienehe entlaufenen Conversbruders Hans Prange.

D. d. Rostock. 1532. April 14.

Durchluchtige, Hochgebarn Furst. Vnße vnderbenige deinsthe pint J. f. g. bereyt. Gnediger Herre. Watterleye gestalt de Carthußermönneke vor Rostock mith vns, den J. f. g. twischen ene vnd Hans Prangen tho fruntlicher vorhör beuel gedan, in bywessende veler börger gehandelt vnd gewrenelt hebben, werden J. f. g. vth inuorslatener copie des instruments, so dar auer gemackt, eghentlich vornemen, Vnd efft nu den fuluingen J. f. g. lytlich, dat sölicke Commission der mathe vorvngelympt, bespottet vnd vorachtet werde, als hebben J. f. g. vor vorreder vnd syende Gades tho handelnde beualen, vnd ße dorfften nicht fursten darvmb anßen ɔc., dat möthe wy J. f. g. bedencke lathen, Szo vele ouerst als vnße perßone belangt, habben warlick ßodanes schympß leuer beschonet ghewesen, Wo wy just ane dat vmb J. f. g. wyllen der bewusten warue haluen Jungst tho Zwerin, Whyle wy vns thor byllicheit hoch berömet, vnd in wehnich baghen dat jegensphyl vth J. f. g. breuen vnd ingelechten Zettel binnen Rades vorleßen mit angehöret ɔc., nicht geringhe anstöte vorbulbet hebben, Welchs alles wy Gade almechtich vnd J. f. g. als dem Landesfursten mit erbedunge vnßer deinsthe thon beuelen. Datum Rostock, XIIII. Aprilis, Anno XV^c XXXII.

J. f. g.

Whyllige

Johan oldendorp vnd
Hans van Heruerden.

Dem Durchluchtigen, Hochgebarn Fursten vnd Herren, Herren Heinriche, Hertogen tho Mekelenborgh, Fursten tho Wenden, Graue tho Zwerin, Rostock vnd Stargerdt der Lande herren, vnderbenichlick.

Jn eghene Hant.

Nach dem Originale, von des Dr. Johann Oldenborp Hand, im großherzoglich meklenburg. Geh. u. Haupt-Archive zu Schwerin. Das Siegel fehlt.

Nr. 10.

Der Herzog Heinrich von Meklenburg verweiset dem Syndicus Dr. Oldendorp und dem Rathmann Hans von Herverden ihr Verfahren in den Verhandlungen über den aus der Karthause Marienehe entlaufenen Conversbruder Hans Prange.

D. d. Schwerin. 1532. April 18.

An Doctor Johann Oldendorffe, Sindico, vnd Hansen van Herferden, burgern zu Rostock.

Vnnsern gunstigen grus zuuorn. Hochgelerter vnd Ersamer, lieben getrewen. Wes euch von den Charteusern vff vnnser Commission begegenet, Vnd das Ir der antwurt halben, die wir euch vf die Jungist an vns alhir zu Schwerin gebrachte werbung gegeben, der Ir euch zur pilligkeyt hoch berhumet, vnnd doch In wenig tagen das gegenspiel aus vnserm brieffe vnd bar ingelegten Zcedel, der In ewer gegenwertigkeyt bynnen Rats gelesen worden, nicht geringe anstöffe vorbulbet hetten rc., haben wir aus demselben ewerm schreyben vnd darin verleibten Jnstrumente allenthalben gnebiglichen vernommen, Vnnd weyl wir euch denne vf solich ewer schreyben die Cartheuser belangendt zuuore Irer antwurt vngehort bismals nicht beantwurten konnen, so wollen wir Jnen solich ewer schreyben furberlich zuschigken, darvf Jre antwurt holen vnd euch alsdenne solich vnser antwurt bey eigener botschaft zuschigken, Vnnd nachdeme wir denne auch pis anher, Got lob vnd sunder Rhum zu rheben, alletzeit In vnsern Sachen alleweg alßo gehandelt vnd, wils got, pis in vnser gruben zu thuen geneigt sein, das vns von euch aber Jemants anders mit pilligkeyt vnd warheit nicht sol vfgelegt oder zugemessen werden das wir euch aber Jemants ein antwurt gegeben vnd darnach das gegenspil gehandelt aber furgenomen haben, Darumb wir yhe pillich von euch mit solichem ewerm schreyben vorschonet vnd ßo hoch nicht solten angezogen sein worden, Das wir euch hinwidder gnediger meynung nicht vorhalten wollen. Datum Swerin, am Dornstag nach bem Sontage Misericordia bomini, Anno rc. XXXII.

<small>Nach bem Concept im großherzogl. meklenburg. Geh. u. Haupt-Archiv zu Schwerin.</small>

Nr. 11.

Das Karthäuserkloster Marienehe berichtet an den Herzog Heinrich über den Hergang bei der Verhandlung wegen des aus der Karthause entlaufenen Conversbruders Hans Prange.

D. d. Marienehe. 1532. Mai 9.

Vnse beth tho godt almechtich myt armen, willigen, vorplichten densten J. ff. g. stede boret touorne. Durchluchtige, Hochgebarne furste vnde here, g. h. Wy armen brobere, J. ff. g. vnderbenige capellane, syn dankbare vor jungeste schrifte an vns vnde vnsen vorlopenen brober vns tome besten van J. ff. g. ghegeuen, myt borichten, wo vor der tydt, Alse Dinxtedag in den pasten, syn by vns erschenen etlike commissarii, nomlik Doctor Oldendorp vnde Ern Hans van Heruerden, by sik hebbende den stadtschriuer to Rostok, myt welkeren is in vnse closter welbich gefcret brober Hans Prange myt vertich efte darby borgeren sampt ehren Dheneren vnde mitgelabenen, Dar wy vor erschrokken vnde vns in kenen handel ghegeuen, wyle wy tho der tydt van J. ff. g, kene antwerbe vp vnse supplication, Dinxtedages nha palmarum an J. ff. g. geschikket, erlanget hebben, Dt vns sere tho nhabele gereket, se vns myt sodaneme hupen auergefallen, seggende dorch D. Oldendorpe, id sy en dorch J. ff. g. befalen, deme wy nenen louen gegeuen, doch in meininge weren, J. ff. g. commission vnderbenich vns ertogen in billiker stede vnde tyden, dat doch be commissarii van vns nicht wolden annemen, men in iegenwerdicheyt vnses webberpertes, wo bauen bororet, gestarket, myt vns haudelen, bat vns nicht to libende stundt, welker orsake vnse prior vp den Apostatam b. Prangen vorbittert heft ghesecht, he myt vnseme vorredere vnde deme viande des cruces christi nicht dachte handelen, welkere doch Doctor oldendorp sampt den anderen des apostate anhange hebben gebubet, he hebbe sy vor vorredere vnde des cruces christi viande gheschulden, worumme se ehne barnamals gefraget, heft syk vor velen tugen sodanes togedachtes entfriget, Doch is ehr motwille nicht gestillet, men hebben vamme Dinxtedage misericordia domini vns de stadt vorbaben, ber wy noch nicht mogen bruken, wo J. ff. g. vth ingelechter copie bokundiget wert. So denne J. ff. g. wet vnse gelege de stabt imme mibbele vnser gubere gelegen, vnde wy of dachliche notroft dar vth hebben, is vns sodane

mht grotenne schaden, dat vns doch webber godt vnde dat hil=
lige recht gheschut, Worumme, g. h., bybbe wh in iegenwerdi=
gen vnseme boswér J. ff. g. mhlben rát vnde hulpe, dar vor
wh vns to rechte vorbeden vppe stede vnde thbt, vns J. ff. g.
vorteken gefallet, Willen doch vorschreuen nhcht clegermhs. J.
ff. g. borichtet, Dat wh in dessen verliken thden se nhcht
whbere iegen vns erwekken, men vmme vortrostinge willen, der
wh vns van J. ff. bemodich touorsén. Wes J. ff. g. hhr ane
vns armen broderen vth furstliker mhldichert vns tome besten
geneget, bybbe wh J. ff. g. gnedige Antogent, de wh deme
almechtigen gade ewich bouelen In seligeme, hehlsamme vnde
langeme regimente lande vnde stedere. Datum MarienE,
amme dage Ascensionis domini, Anno ic. XXXII.

   J. s. g.
      Arme vnderdenige capellane
       brober Marquardus prior vnde
        gantze conuent to MarienE.

Deme Durluchtigen, Hochgebaren Ffursten vnde Heren,
Heren Henrike, Hertigen to Mekelenburch, ffursten to Wenden,
grauen to Swerhn, der lande Stargarde vnde Rostock here,
vnseme g. h.   demodich vnde vnderdenich.

 Durchluchtige, Hóchgebaren ffurste vnde Here, g. h.
Wh armen brodere J. ff. g. vnderdenige werden of ge=
fordert van etliken sif commissarien antogen, vnsers
vorlopen broders, laten vns doch der wegen nicht
erren, gut weten dragen, J. ff. g. wert vnuorbrekflik
ffurstlike vorseferinge dorch J. ff. g. vnde hochleuiger
Dechtnisse heren vorolderenn bewaren, schikken
of to merer vorkleringe der saken Auermals an J. ff.
g. copiam ffurstliker vorsegelinge, vnseme closter ghe=
schén, sampt der hantschrift, vormelter Apostata
J. ff. g. wedderumme muste gheuen, Willen J. ff. g.
darmit bemodich vnde dorch godt gegeben, vns vor
vnrecht vnde aueual beschermen, wo J. ff. g. wente
hérto gnedich gedan, dat wh mogen fredesam deme
almechtigen gade dhenen, Deme wh J. ff. g. ewich
bouelen.

<sub>Nach dem wahrscheinlich ganz von der Hand des Priors Marquard Behr
geschriebenen Originale im großherzogl. mecklenburg. Geh. u. H.
Archive zu Schwerin, besiegelt mit dem Siegel des Klosters Marienehe. Der „dinxtedag Misericordia domini" ist der Dienstag
vor Misericordia oder nach Quasimodogeniti, da am letztern Tage
(9. April) den Karthäusern die Stadt verboten ward.</sub>

5*

Nr. 12.

Der Herzog Heinrich von Meklenburg befiehlt dem Rath der Stadt Rostock, das Verbot der Stadt gegen die Karthäuser zu Marienehe wieder aufzuheben.

D. d. Schwerin. 1532. Mai 23.

An die von Rostock.

Vnsern gunstigen grus zcuuor. Ersamen, lieben getrewen. Wiewol vnser lieber andechtiger der prior vnsers Cart=thausklosters zcu marienehe sich der wort, ter sich etzliche der Ewern beswert sollen haben, kegen vns, auch, als wir bericht wurden, Sampt den Conuent darselbst kegen euch der gestalt entschuldigt, das er Nymants domit gemehnt, den alleyne Hans Prangen, vnd so er denne Nymants gnant vnd Prange als Ir witerpart dar zcu entkegen gewest vnd vermutlich, das er Ine, wie sie anczeigen, domit ge=meynt, vnd die deutung solcher wort derwegen pillich bey Ime stehet, So hetten wir wol fur pillich vnd zciemlich geacht, das dieselben armen geistlichen leuthe dar vbir nicht ferrer angeczogen, Noch beswert hetten sollen werden, den wo wir auch erinnert weren wurden, wie villeicht euch vnd etzlichen den ewern vnuerborgen gewesen vnd vnuerhalten blie=ben, das die gebrechen zcwischen Ine den Carteusern vnd gemeltem prangen durch vnsern vater selgen, vns vnd andere derzceit furnehemste rethe Inhalts vffge=richter briffe vnd Sigel vnd Prangens gesworner orphede vor vielen langen Jaren so statlich entlich vortragen, So were ane not vnd auch jhnem gesworen eyd zcuentkegen, Ime solche Commission, mit verswigung der warheit hinterlistiglich anbracht, mitzcuteilen, abir rel=gents Einiche hantelung daruff furzcunehmen, vnd besser vnd fuglicher gewest, noch erkundung des handels prangen von solchem synem Meyneidischen, mutwilligen vnd vn=pillichen furnhemen zcu wisen vnd vns gelegenheit der sachen zcu berichten, den das der vff gedrungen hett sollen werden, das Ir denselben armen geistlichen leuthen vnd den Iren vnbedechtiger vnd vnpillicher weise, die Euch, Noch den Ewern, ob Ir sie worvber zcu belangen hett, des rechten, dar hin wir Ir mechtig, Nie vorgewesen, vnser Stat zcu rotstok, wie alleyne mittetern zcu gehen pflegt, zcu vorbieten; begern derhalben gutlich, wollet solche mut=willig vorbott abstellen vnd sie Noch den Iren wider

recht mit der that Nicht beleidigen lassen, Der ane
geschiet Neben der pillikeit vnser zcuuerlessige mehnung In
gnaden widerumb zu bedencken. Datum Swerin, Donnerstags
nach dem pfingstage, Anno ꝛc. XXXII.

<small>Nach dem Concepte von des Canzlers Caspar von Schöneich Hand im
großherzogl. mecklenburg. Geh. u. H. Archive zu Schwerin.</small>

D. d. Marienehe. 1499. April 21.

If broder Hans Pranghe, conuerse des huses vnde
carthuß Marigenee by Rostock bekenne vnde botughe apen=
bare vor allen, de dussen breff seen, lesen edder horen, dat ick
nha ordeninghe, lude vnde inholde der regulen, diffinicien vnde
statute des vorgescreuen mynes ordens vnde gadeshuses vmme
ithliker merklifen auertredinghe vnde ghebreke byn sunder
hat este vorsolghinge, auer nha mynem vordenste, myt
rechte, myt wetenth, bolesinge vnde vorhetent der werdighen
vnde innigen veders vnde heren prior vnde gantzer sammelinghe
ghemelten closter Marienee angetastet vnde in eren carcer,
hechte vnde slote gesettet vnde darinne betteher vorwarth vnde
venckliken entholden, vnde wowol ick, wo vorscreuen, nycht
vordenet hadde, my gnade tho bewysen, auer so de dor=
luchtigen, hochghebaren fursten vnde heren heren Magnus
vnde Baltasar, gebrodern, hertoghen tho Mekelenborch,
ffursten tho Wenden, greuen tho Swerin, Rostock vnde Star=
garde ꝛc. der lande heren, tho beterynge mynes leuendes
vmme gades willen, vor my an de auersten vorscreuen mynes
ordens, ock gemelten veders des vorghescreuen closters Marienee
vor my, dat ick mochte vorloset werden vnde manck den
anderen conuersen tho beteringe mynes leuendes
komen, bétlick gescreuen vnde dat beste darby tho donde ange=
holden, hebben gemelten ouersten vnses ordens vpgemelten prior
vnde gantzen sammelinghe des huses Mariennee vmme byddent
der vorscreuenen myner gnedyghen heren van Mekelenborch
vorgunnet, angerumet vnde tholaten, dat se my mogen wedder
vthlaten, so verne ick en wille lauen beterynge mynes
leuendes, vnde vp sulke wo vorscreuen myne fencklike set=
tinghe vnde entholdent, so my doch myt rechte boschen, nicht
willens wes verthonemende, vnde in de carthus by Stet=
tyn belegen my geuen, dar so lange in tho blyuen, dat yck
wedderumme geeyset werde, vnde de gedachten myne gnedyghen
heren myd sampt erer gnaden redere, den werdhgen, gestren=
gen vnde duchtighen heren Johan Tun, deken tho Gustrow,

er Hynrick van der Lue, ritter, Diberyck vnde Ffrederyck, brober, geheten Bereggen, sulke alle borch my vaste vnde vnuorbraken tho holden, myd vnde vor my lauen vnde vorsegelen wolden, vnde so ben myne gnedighen heren vnde erer gnaden vorscreuen werdyghen redere sulkens vmme gades willen vnde beteringe mynes leuendes tho bonde geneget vnde willens, laue yck brober Hans Prange vorscreuen by mynen eren vnde trwen vnde obedientien vnde hebbe ock dat alle vnde gans, stede vnde vnuorbraken tho holden myd vpghehauenen vingheren staueðes eedes wyse liffliken tho gabe vnde synen hilghen gesworen, laue vnde swere iegenwardigh in craft busses breues bekennende, dat yck, wo vorscreuen, vmme myner auertrebinge willen byn angegrepen, in den carcer gessettet vnde venckliken bar in itliken idr myt rechte enthholben, vnde wil tho nenen tyden vnde nummermér in myner egenen personen, dorch myne frunde ebber fromede, gebaren ebber vngebaren, myt gehslifen ebber wertliken vp sulke myne vorscreuene settynge vnde entholbinghe ieghen gemelten gabeshuse Marienee, iegen de personen dar nu inne ebber be dar noch in kamen werden, ere lude, ere guber vnde erer lude guber, wechlik vnde vnbewechlik, vnde alle wes en tholumpt ebber in tholamenden tyden tholamen mach, ebber iegen andere gabeshuse des suluen orbens wes vornemen, handelen ebber boen, vornemen, handelen vnde bön laten, hemelick ebber apenbár, sunder alle geuerde, argelist vnde behelp gehsslikes ebber wertlikes rechtes, vnde hebbe vp sulke vorscreuen myne bokantnisse, lauent vnde swerent be vorgescreuen myne gnedyghen heren vnde den hochgebaren fursten vnde heren, heren Hinriken, hertogen tho Mekelenborch, fursten tho Wenden, grauen tho Swerin, Rostock vnde Stargarde &c. der lande heren, mynes vorscreuen gnedighen heren hertoch Magnus söne, minen gnedighen heren vnde erer gnabe vorgescreuen werdighen redere, vmme gades willen demodighen biddende angefallen, vor my tho lauen, bat ick alle articlen, puncte vnde stucke vorscreuen vnde ehnen hberen by sick, so wo vorscreuen, scall vnde wil, wil vnde scall beger, vaste, gans vnde vnuorbraten, sunder geférde, argelist vnde bohelp stedes holden, vnde des alle to ehner vnuergenkliken witscop vnde ewige vorsekerynge ere segell myd my vor bussen breff tho hangen. Vnde wie Magnus, Baltasar, Hinrick vorgescreuen, ock wy here Johan Tun, er Hinrick van der Lue, Dirick vnde Frederick Veregge, hebben myt sampt vnsen gnedigen heren vor alle artikell, stucke vnde puncte vnde ehnen yslyken by sick, wo vorscreuen, gelaueth vnd lauen iegenwarbych sunder alle geferbe

vnde list in craft vnde macht dusses breues. Wer it ock, dar
god vor sy, vorgescreuen brober Hans alle artikel, puncte vnde
stucke so nycht, wo vorgescreuen, worbe holden, so hebben wy
fursten bauenscreuen vnde wy her Johan Tun, er Hinrick van
der Lue, Dyderyck vnde Frederyck Vereggen vns vorwilliget,
gnanten brober Hans vnde suß alsweme, de vmme busser vor=
screuenen sake willen wes vornemen, handelen ebber boen worbe,
in vnsen ebber auberen heren landen vnde furstenbomen vnde
sus wor men ene ebber de vth voreffen kan, anthotasten vnde
bar furber, wo recht, mede varen vnde ock vor schaben gesecht.
Vnde des tho orkunde hebben wy fursten bauengescreuen vn=
sers eyn segell, des wy alle vnde besunder hyr nn tho bruken,
vnde wy her Johann Tun, er Hinrick van der Lue, Dyderyck
vnde Frederyck Vereggen mib vnsen weten vnde willen vnse
segel nebben an bussen breff hengen heten vnde gehanget. Ghe=
geuen vnde gescreuen in der carthus Marienee vor Rostock,
amme iare nha Christi gebort dusent vierhundert amme negen=
unbenegentigesteme iare, amme drubben sunbaghe nha Passen
Jubilate. Auscultata et collacionata est presens copia
per me f. Henricum Gramekouw, sacra apostolica
et imperiali auctoritatibus notarium publicum, que
cum suo origenali concordat de verbo ad verbum,
quod hac mea attestor manu propria.

Nach einer beglaubigten Abschrift im großherzogl. mecklenburg. Geh. u.
H. Archive zu Schwerin. Auf der Rückseite steht von des Canzlers
Caspar von Schöneich Hand:
31 Nicolai
bruder hans prangen
Cartheusers orphede.
Also hatte Prange wohl schon am 6. December (Nicolai) 1531 die
Urfehde gebrochen, da diese an diesem Tage in beglaubigter Abschrift
dem Canzler vorgelegt ward.

Nr. 13.

Der Herzog Heinrich theilt den Karthäusern zu Ma=
rienehe mit, daß er das Verbot des Rathes der
Stadt Rostock gegen die Karthäuser, die Stadt zu
betreten, gemißbilligt habe.

D. d. Schwerin. 1532. Mai 23.

An die Carteuser.
Lieben anbechtigen. Wir haben Ewer Jungst schreiben be=
langent die vnsern von rotstock nach der lenge vorlesen vnd

nicht geringe miſfallen Ju deme entpfangen, das ſie euch
vnb den Ewren vnſer Stat zw ewer Notturfft zcu gebrauchen
vorboten vnb Jne der wegen Jnligends lauts geſchrieben,
Solch furnehmen abzcuſtellen vnb Euch vnb die Ewern vnbe=
lediget zcu laſſen, die wir auch euch zcur pillikeit zcu hanthaben
vnb zcu vortedingen gantz gemeynt, das wir euch des wiſſens
vnb zcu halten auch zcu troſten haben gnediger mehnung Nicht
wollen vorhalten. Datum zu Swerin, am Dornſtag nach dem
heiligen pfingſtdage, Anno ꝛc. XXXII.

<small>Nach dem Concepte von des Canzlers Caſpar von Schöneich Hand im
großherzogl. mekklenburg. Geh. u. H. Archive zu Schwerin.</small>

Nr. 14.

Der Prior Marquard Behr und der Schaffner Nicolaus
zu Marienehe verſchieben eine Zuſammenkunft mit
den Burgemeiſtern von Roſtock wegen einfallenden
Feſttages auf einen ſpätern Tag.

D. d. Marienehe. 1533. März 21.

Vnſe bedt tho deme almechtigen gade mht armen, willigen
denſten J. Er. ſtede boreht touornn. Erſame, wolwhſen heren
vnde beſunderge gude frunde. J. Er. ſchrhuent hebben wh
whtlich vnde gudtlik entfangen, genen J. Er. dar op fortlhk
vorſtan, dat wh vppe kunſtigenn mandage des handels nhcht
konen waren vmme hochwerdigen denne anſtändes feſtdage;
auers volgendes mhtwekens eſte donredage eſt ehnen anbernn
dach, de ehnes Er. r. geleuet, whllen wh vppe J. Er. fruntlik
antogent gernn waren. Dat J. Er. vns nhcht whl ann vor=
denken, dhen wh ehr vnnd whllen bowhſen alle thdt whllen
boreht ſhn. Hhr mit deme almechtigen gade ewhch befalen.
Datum Marienee, amm vrhgdage nha Oculi, anno ꝛc. XXXIII.

J. Er.

gudtwilligen brober Marquardus,
prior, vnb Nicolaus, ſchaffer,
to Marienee.

Den erſammen, wolwiſen heren burgermeiſters to Roſtok,
vnſen gunſtigen heren vnnd boſundergen guden frunden

denſtlhk geſchreuen.

<small>Nach dem in heutiger Briefform gefalteten Originale, auf Papier, im
Archive der Stadt Roſtock. Das Oblatenſiegel iſt abgefallen.</small>

Nr. 15.

Der Rath der Stadt Rostock verbietet dem Prior und den Mönchen des Klosters Marienehe, die Bürger von Rostock zur Beichte und zum Abendmahl zu nehmen.

D. d. Rostock. 1533. Mai 12.

1533. Des Manbages na Cantate hefft ein Erbar Rabt eren Secretarium M. Petrum Sassen mit twen Börgeren in dat Mönneke Kloster vor der Stadt in de Chartuß na Marienehe henuth gesendet vnd hefft dem Prior vnd synen Mönneken anseggen laten, dat se nemande vth der Stadt scholden be bicht hören, noch dat Sacremente vnder einerley gestalt jenigen erer Borgern vnd Borgerschen vorreken.

<small>Ban der Lere, Leuende vnd Dode Joachimi Slüters, dorch Nicolaum Gryfen, 1593, Fol. K. 2, b. — Der Rathssecretair M. Peter Saffe war ein Freund des Priors Marquard Behr; vgl. Urkunde vom 3. Mai 1542.</small>

Nr. 16.

Der Prior Marquard Behr zu Marienehe ladet den Burgemeister Bernd Kron und die Rathmänner Heinrich Gülzow und Marcus Lusfow nach Marienehe zur Ueberlegung des Bestens des Klosters.

D. d. Marienehe. 1534. Julii 14.

Myn beth tho gobt almechtich sampt steden, willigen densten i. er. borebt touornn. Ersame, wohlwise heren vnnd gude frunde I. Er. gubtlife anbragent bofweringe halnen eynen Ersamen rabt dis closters wegen van erhen mytborgernn der tibt hebbe ick sijtlich bohertziget, of guben wäu vnnd gunst van langen tyben, be stabt to vns ghehat, nycht trachtlif bebacht hebbe, barbeneuenst bat sufuige mpt etlifen myner olbesten anergeleht, wes ouers vnse wolmeninge vnnd touersicht tho eyneme Ersamen rabe sy, buchte vns nycht suchlyk borch schryfte vormelben, worumme is vnse bemubige vnnd fruntlife bebe, gy samptlyk efte etlyke sick wyllen an vns althyr vorfugen, vnb wes wy ber stabt vnnb beme closter tome besten bebacht syn, jegenwerbich gubtlyk anhoren. Dat wyl ik sampt mynen brobernn an ben Ersamenn rabt sampt der stadt vngespartes flytes nach armen vormogen gerne vorschulden. Gabe allmechtich ewich befalen. Datum Marienee, Dinxtebages nach Margarete, anno 2c. XXXIIII.

J. Er.

gudtwilliger brober Marquarbus,
prior to Marienee.

Denn Ersammen w[olwisen heren] Bernd Kron, burgermeister, vnnd ernn Henrik Gultzouwen vnnd magistro Marco Luscouwen, ratmannen der stadt Rostock, mhnen gunstigen heren vnnd frunden samptlhk este sunberlik
denstlik.

<small>Nach dem in heutiger Briefform gefaltetem Originale, auf Papier, im Archive der Stadt Rostock. Das kleine runde Oblatensiegel des Priors Marquard Behr hat ein **m** und die Gestalt des hier eingefügten Holzschnittes</small>

Nr. 17.

Der Rath der Stadt Rostock verbietet allen Bewohnern der Stadt, in Biestow, Marienehe, Kessin und sonst in der Umgegend Messe zu hören.

D. d. Rostock. 1534.

1534. Ein Erbar Radt tho Rostock gebüdt ernstlyken, dat nemandt erer Börger ebber Börgerschen ebber ock dersuluen ere Megede, Geste vnd Gesinde gha ebber vöre tho Bistow ebber Marienehe ebber Kessin ebber in jenige örde vmme Rostock belegen, misse tho hörende, by Pene 10 gulden, darinne dersülue vorfallen syn schal, so offt he darauer beslagen ebber des mit lossmerdigen tügen auerwunnen werdt, des sick ein yder wete tho wachtende vnd de shnen daruor tho warnende.

<small>Van der Lere, Leuende vnde Dode Joachimi Slüters, durch Nicolaum Grysen, 1593, Fol. L. 1 b.</small>

Nr. 18.

Der Rath der Stadt Stralsund vereinbart mit dem Karthäuserkloster Marienehe, daß die bei Stralsund liegenden Güter des Klosters, in denen auch die Stadt Besitzungen hat, von einem Mitgliede des Raths oder einem Bürger der Stadt, bis auf weiteres zunächst von dem Burgemeister Christoph Lorber, verwaltet werden.

D. d. Stralsund. 1537. August 17.

Wy burgermeister vnnd radmanne der stab Stralsundt bekennen vnnd betugen vor ibermennighlick, Nachdem vorschener tydt oth sonnderlicker anbacht vnd tonegunge, so ein ersam rath vnnd andere inwanere vnd borgere gemelter stabt tho dem kloster, vorwesere vnnd professen Mariencarthuse vor Rostock belegen gebragen vnnd gehat, etliker nageschreuenen guder haluen, so in der stabt eigenbom belegen, sick mit ehn in handelunge begeuenn, biesoluigen ehn tom deel vorlaten, etlicke ock vnnd wie vnns vorgekamen vnd in schicklicher antogunge befunden, mehrer beyll oth mylber ghysst ouergeuen, vnnd also fruntlicken mit ehn vorlicket vnd vorbeholden, bat ie tor tib einer des rades ebber tom wenichsten oth der borgerschop einer der vorbibbunge vnd vorwalbunge, wie solcker vorbybbinge gewaunheit is, bensoluigen guberen vor sie rekennschop baruan bön vnd vorstann scholde, wie dan solcks ock van langer tyd by etlicken lebematen des rades, ock welcken borgeren gewesen vnnd bet op vnnsen meberabesfrundt hern Christoffer Lorberen burgermeyster vnd ohne irkeine interrupcionn mit vnnser aller vorwilligunge hergebrocht vnnd gelanget is, Deme na vnnd barmit bat alles in tokunftigen tyben vnnd wes biesulige vorbybbunge vnnd vorwalbunge an guberen in sick begript, sampt dem dat ebt van olders also geholden, erschiene, hebben wy nicht vnnbillich geacht, biesoluigen, wie sie vnns oth olbenn registeren anngetogebt, hir na setten tho laten, als nemblick tor Muze in beme Boke veer houe, bar der stab borgere ock mebe inne hebben, tom Brandeshagen einen hoff, Lubershagen, bar die stab ock gerechticheit mebe inne hefft, to Lussow einenn hoff, tum Smebeshagen twe houe vnnd einenn katen, barin die vam Sunde ock etlicke houe inne hebben, tom Korbeshagen vier houe, barinne bie vam Sunde ock etlicken eigenbom vnnd heninge inne hebben, tom

Hogenndorpe, twe houe, dar annbere od mede gerechticheit inne hebben, to Tessin ein halff dorp vnnd ein acht part eins dorpes, to Gotemisse im lannd tho Rugen souen houen, to Muskow sös margk webbeschat, tom Arnbessehe twe margk ackerhure. Vnnd des tho mehr vrkunt vnnd befestigunge hebben wy der stab Strallessund secret wytliken laten hangen ahn bussen brieff, die gegenen vnnd geschreuen is thom Stra=lessunde, am souenteinde dage des monts Augusti, inn denn iaren vnnsers heylandes vnnd selighmakers gebort dusent vyff=hundert vnnd im souen vnd dortigesten iare.

<small>Nach dem besiegelten Original im Archive der Stadt Stralsund, nach einer Abschrift des Professors Schröter.</small>

Nr. 19.

Das Karthäuserkloster Marienehe bittet den Rath der Stadt Rostock, dem Bürger Dietrich Brun einen nachtheiligen Bau neben des Klosters Wohnung an der Burgwall-Straße zu verbieten.

D. d. Marienehe. 1539. September 8.

Vnse bebt tho godt almechtig samt armenn, wylligen, steben densten thouornn. Ersamenn, wysenn heren. Wy syn dorch ochsunlik beschouwhye in erkentnysse ghekamen, wo enher J. Er. stadt inwhaner mybt vhamen Diberik Brun sick vormeten, webber ghemen recht vnnd ghebruck vnwantlyk ghebuw tho er=heuen, wor vth vnser wanynge vp dem borchwalle vn=gefuch vnnd schadenn wurde erwassen, dath ehm dorch J. Er. stadtkemmerer stadtlick vorbabhen, beß wy J. Er. alleß armen vormogeß hochlik bebancken. Whyle dhenn gebachte J. Er. borger vnserm inwhanre, bhem boch be sake weynhych bobrepeth, bo=swerlick, ock henfurder sodhann by J. Er. tho erholben, dem wy nenhen louen gheuen, sick schole lathenn horen, iß der wegenn vnse bemodige flytige bebe alse vhan oldes vnsers closters grobthgunstigen heren vnnb frunden, vpgemelten J. Er. stadt inwhanere vhan sodanem vngeborliken vornhemen to holben, dath wy hn vnser gherechticheit dar mht vnvorforthet vnnd vnbeschedighet mogen blyuen. Dath whyllen wy webberumm iegen J. Er. mybt vnsem bede tho godt almechtich vnnd armenn villigen denysten stebes gern vorschulden vnnd vorbhenen, de wy

hyr mydt dhem almechtigenn selich vnnd ghesunth boselenn Datum Marienee, am dage der borth Marien, anno ɾc. XXXIX
J. Er.
    gobtwyllyghe
      Marquardus, prior, vnd gantze
      conuenth tho Marienee.

Denn werdigen, Ersamen vnnd wolwysenn heren Burgermesternn vnnd Ratmannen der Stadt Rostock, vnsenn gunstigen heren vnnd besundergenn guden frundenn denstlick.

<small>Nach dem in heutiger Briefform gefalteten Originale, auf Papier, in schöner Cursiv, im Archive der Stadt Rostock. Das Siegel ist nicht mehr vorhanden.</small>

Nr. 20.

Das Karthäuserkloster Marienehe bittet den Rath der Stadt Rostock, dafür zu sorgen, daß ihnen der Genuß ihres Antheils an dem Dorfe Sildemow nicht verkümmert werde.

D. d. Marienehe. 1541. Februar 5.

Vnse bedt tho godt almechtig, myt steden willigen densten thouornn. Ersamme, wyse heren vnde besunderge gude frunde. Wo J. Er. wol inghedenk, wy vth vheler wolbath vnde gunst vnsenn vhorfedern, ock vns vhan besser gudenn stadt ertogeth J. Er. mydtborger sunder vorhinderinge hebben tho dheme dorpe Sylbemouwe, whor inn doch vns dat vherde parbt thostendich, kamen lathen, doch mydt dem boschede, J. Er. vns thouornn stadtlike thosage vnde ghelofte gheban, vns sunder henigerlehe thogeringe vnde wyder vpholden tho dem vnsen in frundtscop efste rechte thokamen fodernn vnde exequernn: Wile denn Er. wise herenn wy beyde wege mennichfolbich vhorsocht, syn doch bekumneren ghebachter vnser guder des ghemotes vnser wolbath nicht aueral tho achten, noch in fruntscop efste rechte der wegenn iegenn vnß sick vhynden lathen, vnde wo wol J. Er. iegenwerdige sake vhele mydal vhormeldeth, iß doch vns, dat de sake mochte tho vthbracht shorenn, wenth her tho nychtes boiegenth. Iß derhaluen tho auersloth vnse denodige frundtlike vnde flitige bede, J. Er gheloste nha, der suluigen mydtborgeren dar henn holdenn wolbenn, weß vns vth milder ghyst enes vhan J: Er. consirmerten testamenten angheshamen, sunder

whber bekummern aftreben vnde volgen lathen, dath nycht no=
dych, in andern orther be sake vhorwybernn. Dath whllen wy
J. Er. alße leuen herenn nabernn vnde frunde guber meninge
hebben borhchtet, bybden bersuluigen hyr op frundtlhke ant=
werbe. Bofhelen J. Er. hyr myot bem almechtigenn gabe.
Datum Marienee, amm bage Aghate virginis et martiris,
anno ꝛc. XLI.
J. Er.
gubtwillige brober Marquardus,
prior, vnde gantze conuenth
ber chartus Marienne.

Denn Ersamenn, wolwhsen Erenn Burgermestrenn vnde
Ratmannen ber Stabt Rostock, vnsen gunstigen Herenn vnde
besunbergenn gubenn frundenn densilik.

<small>Nach bem in heutiger Briefform gefalteten Originale, auf Papier, in
schöner Cursiv, im Archive der Stadt Rostock. Das Siegel, aus
grünem Wachs, — anscheinend das große, runde Siegel der Karthause, — ist bis auf eine unleserliche Stelle der Umschrift zerstört.</small>

Nr. 21.

Der Prior Marquard Behr zu Marienehe empfiehlt
dem rostocker Rathsprotonotar Peter Sasse einen
Franziskanermönch, welcher ein wichtiges Geschäft
bei dem Herzoge von Pommern hat, und wünscht
Empfehlungsschreiben für denselben.

D. d. Marienehe. 1542. Mai 3.

In mortis victore salutem. Venerande domine magister multaqve experientia amice probatissime. Accidit
mihi hodie, quo tecum hijs paululum commendandum opere
precium sum ratus, appulit huc minister fratrum de ob-
servancia ordinis sancti Francisci, cui ad Stettinensem
principem est arduum negocium, et qvia principes qvi-
dam monachos hac tempestate non lubenter audiunt, id-
circo precor, bonum hunc virum domino doctori C. Func-
cio (?) tuis literis commendare velis, qvod si temporis
angustia impedierit, da vel brevissimas erunt saltem me-
moriale aliqvod signum, qvo se salutatum a te reco-
gnoscat; est autem is, pro qvo scribo, suffragio tuo dignus,
qvippe qvi laborat in verbo dei, moribus eciam et doctrina

institutus apprime. Vale. In domo Legis Marie, ipso die inventionis sancte crucis, anno XLII.

Frater Marquardus,
prior indignus.

Discreto ac spectate modestie viro domino et magistro Petro Sassen. Rostochiani senatus prothonotario optime digno, suo amico et fautori, in manum.

Gebruckt in „Etwas von gelehrten Rostockschen Sachen", 1741, S. 859.

Nr. 22.

Das Karthäuserkloster Marienehe beschwert sich bei dem Herzoge Albrecht von Meklenburg über den Einfall von 700 Landsknechten in das Klosterdorf Pastow.

D. d. Marienehe. 1545. Mai 2.

Vnse bebt tho gobt almechtich myth willigem, plichten benste stedes thouorne. Durluchtige, Hocghebarnne ffurste vnde Here. G. H. Wy gheuen J. ff. G. klegelik erkennen, wo in J. ff. G. arme closterborp Pastouwe frygbages vhor Cantate by de Souenhundert lantßknechte ghefallen, den armen luden dat erhe ghar vmmhebrocht, so dat etlyke hus vnde hof hebben auhergheuen vnde myth frouwen vnde kinderen dhar vhan ghegan, Wilc denne, G. H., de armen lude bath ehr tho vhorwarende vnde wecthobringende nycht ghewarschuwet, der thouorsycht, J. ff. G. wurde dorch ehr Amptlude dar myth vns nycht laten belesten, syn wy vnde dhe vnsen dar myth in breflyken vnde sweren schaden ghekamen. Bybben berhalnen J. ff., so vnsen g h. vnde besundergen hanthauer der hilligen kerken vnde christlyken religion, henferner sodane vnbrechtlyk vnde vnuhorwintlyk qwadt vhan vns vnde vnsen luden gnedich afwenden wolden, dar mybt ok schymp vnde vngelimp, derwegen erwassen, nycht mehr thonhemen mochte, dath willen wy negest beloninge vhan deme almechtigen gabe Ahn J. ff. G. nha armen schuldigen, willigen benste stedes vhordenen. Bofhelen hyrmybt J. ff. G. dheme almechtigen gabe in langeme, seligen vnde heylsamem regimente tho frede

J. ff. G. lande vnde ftede. Datum MarienE, Sonauendes
vhor Cantate, anno ꝛc. XLV.
J. ff. G.
arme vnderdenige capellane, broder
Marquardus, prior, vnde fammelinge
der carthus MarienE.

Deme Durchluchtigen, Hochgebarnen ffurften vnde heren,
heren Albrechte, hertigen tho Meklenborch, ffurften tho Wen=
den, Grauen tho Swertyn, der Lande Roftok vnde Stargarde
here, vnfeme g h., bemodich vnde vnderbenichlik.

Nach dem Originale im großherzogl. mecklenburg. Geh. u. H. Archive
zu Schwerin, wahrscheinlich von der Hand des Priors Marquard
Behr, gewiß derselben Hand, von welcher frühere Briefe geschrieben,
obgleich die Schrift größer, weiter und flüchtiger gehalten ist. Der
Brief ist offensichtlich mit dem Klostersiegel versiegelt gewesen, obgleich
dasselbe abgefallen ist.

Nr. 23.

Karin Moltke zu Toitenwinkel verpfändet der Karthaufe
Marienehe 23 Gulden weniger 3 Schillinge Pacht
aus Häschendorf und 7 Mark 10 Schillinge jähr=
liche Pacht aus Toitenwinkel.

D. d. Roftock. 1545. Januar 20.

Ick Karin Moltke Erffgefeten to Todendorp ꝛc. Bekenne
offentlich mit diffem breue vor mich, mein ernen vnd Erff=
namen vnd funft vor allermennichlig, de en fehen, horen ebber
lefen, dat ick mit wollbodachtem gemute vnd tidtlichem radt,
dorch myne vnnd myner Eruen nuttes vnnd nottorfft willen,
groteren fchaden hir mit vartokamen, mit willen vnd volbort
des Durchluchtigen hochgebaren furften vnd herrn, herrn Al=
brechtes, Hertogen to Megklenborch ꝛc., als des Lehenherrn,
vnd des Erbarn vnd Erntfesten mynes feuen vettern Geuert
Moltken, bar mit ick in gefampten lehen fytte, dem wirdigen
vnd andechtigen hern Marquart Beren prior vnd der
gantzen vorfammelinge der Carthuferen vor Roftock gelegen
MarienEhe genannt vnd ehren nakamlingen drey vnde thwin=
tig gulden wehniger brie schilling lubifch in mynem dorp He=
fekendorp, vnd foß marc vnde foß schilling fundifch in mynen
hoff, den ick to Todendorp bewane, jarlyker tynfe vnde rente
alljarlyken vp Nicolai des hilligen Bifcoppes velhafftich vp

ehnen rechten webberkoep vor viffhundert gulden houetstoll disser lande werung vorkofft hebbe, de ick in ehner summe tor nuge von en empfangen vnd in myne vnd myner Eruen beteren nudt vnd framen geteret vnd gewendet hebbe, vnd segge se solcker betalinge qwhbt, lebdech vnnd loeß in vnd mit crafft disses breues. Jdt schalen genante herrn des Closters Marien Ehe vnd Ere nachkamen be vorgeschreuen rente vnd pechte von den luden to Hesekendorp vp voruthgebructe tidt inforderen vnd vpnemen, vnd sunderlich bh namen von dissen: Achim Witte gifft teinbehalue marck, Merten Wyse gifft tein marck, Hinrich Dethleff gifft eluen marck vnd tein schilling, Thtke Gouwe gifft eluen marck vnd vier schilling, Hans Gouwe gifft negen marck vnd tein schilling, noch vier marck vnd thwie schilling dienstgelt, Hinrick Westuale gifft thwolff marck wehniger twie schilling sundisch pacht; vnd wo jemandt von dissen luden to geuen seumich worde, so schallen vnd mogen se be durch eren vagt panden laten, dar in ick em ebber myne eruen borch vns suluest ebber borch ehnen anderen gar kehne vorhindering von schalen vnnd willen, ock be suluigen buren em vorschreuen mit vnwantlyken diensten, schattingen ebber anderem, wo dat geschein mucht, nicht boswehren, dardorch se vorhindert, ere jarlyke plege en vthtogeuende, noch to bonde bh anderen gestabenn, bosundern bh ehren olden deinsten vnd gewanheiten vnuorhindert bliuen laten. Jck, myne eruen vnd erfnamen schalen genannten Cartusern vnd eren nachkamen desses webberkopes ehne rechte gewere sein vor vnnsern Landesfurstenn vnd mennichlig, vnd wo hemandt mit recht ebber sunst se anspreken ebber ethwes webber se beghnnen worde, in welcher gestalt dat geschen, schalen vnd willen wh se vp vnsere ehgen kosting vortreden, solchere ansprake benemen vnd schabeloß holden. Vnd efft mit der tidt an dessen breff schade geschege ebber ethwes darhnne bofunden ebber ethwes vthgelaten, dardorch he gedadelt mocht werden, schal genantes Closter zu kehnen schaden rechen vnd kamen, sonder alles ane alles geuerde syn vnd geholden werden. Jck Karhn Moltke vor mh, myne eruen vnd erffnamen vorschrieben voruthgebructe thhnse vnd rente gedachten Carthuseren vnd eren nakamen vp ehnen rechten webberkoep, wo webberkopes recht vnd gewanheit ist, rede vnd laue bh waren worden, eren, truwen vnd gelouen, alle artikel, so in dessen breff vthgebrucket, to holden vnd natokamen in crafft desses breues. Wo ick auerst ebber meine eruen des vormagens vnd vorgeschreuen thnse webber affkopen wolden, so schalen wh dem vorweser gedachtes Closters ehn jar to vorne, alse vp Trium Regum, be loßkunding don, vnd volgenden jars de houetsumme

6

mit sampt den hinderstelligen vnd bedageden tynsen vnd renten in eyner summe to Rostock vthrichten vnd botalen. Vnd wo ick vnd myne eruen bobacht weren, de vpgedachten pechte erfflick to vorkopen, so schalen gedachte Carthuser vnd ere nakamen vor anderen des kopes negest wesen. Des alles to waren vrkunt hebbe ick Karyn Moltke vor my vnd myne eruen vnd beneffen my de erbaren vnd erntfesten Geuert Moltke to Druseuitz, Jorgen von der Luhe to Koltzow, Gregorius Beuernest to Luseuitz, alle erffgeseten, tor tuchenisse vnd wittlickkeit vmmb myner bede willen alle vnse ingesegel offt pittziren witlick bön hangen nebben an dissen brieff, gegeuen vnd gescreuen to Rostock, im jar na Christi vnsers herrn gebort dusent viffhundert vnnd im vyff vnde vertigsten jare, am dage Fabiani et Sebastiani.

Auf einem angehefteten Zettel:

Ick Karyn Moltke bekenne ock in vnd mit desser hir angeheffteten czerten vor my vnd alle myne eruen, dat wol dessen brief auer dissen köp gestellet mit gedachter heren Carthuser consent vnd weten innehefft, densuluigen willen ick vnd myne eruen, idoch vnserm wedderköp vnd lose vharboheltlick ahne schadenn, holdenn alle puncte vnd artikel desses breues, gerade effte he em donn worden to worden vnnd by namen togeschreuen wiere, sunder alle insage 2c.

Auf der Rückseite:

Item bewile ick Karyn Moltke my in der rekenschop der pechte vorsehenn, also dath thein schillinge sundisch de pacht to rynge vorteikent, welche vpgedachtenn thein schilling ick my bowilligt vnnd noch iegenwerdich bowillige by mynen tynsenn vom haue de suluigen iarlick vthtogeuen, welche sich denne in summen werden rysenn ierlick souen marck sundisch. Actum in bywesende Jacob Dalmans vnnd Johan Blasserd, schriuers, 2c.

Noch bokenne ick Karyn Moltke, dath im breue Hans Gowen thein schillinge in syner pacht tho vele thogeschreuen, de he to geuen nicht plichtig, welche ick my ock, nicht vngehorlick, by obuorteickend myner pechten, de ick vnd myne eruen ehn vth der handt to geuen plichtig, ock beneffen den iarlichs to entrichten, angenamen, vnnd rist mit alle in summen, so ick en den im breue boschreuen Chartusern ahne be bure pechte van myner hant schal entrichtenn, souen marck vnnd thein schillinge sundisch, gereckent vnd geschreuen mit mynen guben wetenn von Johan Blafferb schriuern, in byshnbe des hernn priors vnnb hern schaffers ꝛc. Item besse hir varbonomeben sonen marck vnnb thein schillinge sundisch sint ouerwiset vnnb vorschreuen in Mechelstorp, also dat Karyn Moltke de suluigen nicht to genen schulbig, also dat he billich mit anforberenn ock schal verschonet bliuen.

Nach dem Originale, im Archive der Stadt Rostock, auf Pergament. An Pergamentstreifen hangen die Ringsiegel, mit eingelegten grünen Platten,
1) von Karin von Moltke auf Toitenwinkel,
2) von Gebhard von Moltke auf Drüsewitz,
3) von Jürgen von der Lühe auf Kölzow,
4) von Gregorius Bevernest auf Lütsewitz.

Nr. 24.

Der Herzog Albrecht von Meklenburg bewilligt die Verpfändung der Pächte aus Häschendorf, welche Karin Moltke von dem Herzoge Heinrich zu Lehn trägt, an das Karthäuserkloster Marienehe.

D. d. Wismar. 1545. Januar 27.

Von gots gnaben Wir Albrecht, Hertzogk zu Meckelburgk, Furst zu Wenden, Graue zu Schwerin, Rostock vnd Stargart der Lande herr, Bekennen vnd thun kunt fur vns, vnser Erbenn vnd Erbnehmenn, Nachbem der Erbar vnser lieber getrewer Carin Moltke den wirbigenn vnsern liebenn Anbechtigenn Herr Marckwerbus Bähr, Vatter der Carthuß des Closters zu Margine fur Rostock gelegenn, Vnd allenn des Closters Nachkommen, auch der hauptverschreybung inhabernn, alle pechte, so berurtter Moltke zu Hessendorff von dem Hochgebornnenn Fursten Herrn Heinrichenn, Hertzogenn zu Meckelnburgk, vnsern fruntlichenn liebenn brueber vnd vns zur lehenn tregt, fur funffhundert guldenn lauts der hauptuerschreybunge baruber besagende, vmb seiner vnuermehblichenn Nottruft willenn verpfenbet vnd versatzt, Vns vnderthenigklichenn gebettenn, Im datzu vnser bewilligunge vnd nachlassenn mittzutehlenn. Geben Ihm barauff hirmit vnser bewilligunge vnd vollebst, Bewilligenn vnd Nachlassenn fur vns, vnser Erbenn vnd Erbnehmenn, das bemelt closter Solche pecht vmb die obbestimpte Suma innenhabenn vnd gebrauchenn sollenn, bis so lange die widerlosung von berurttem Moltkenn ober seinenn Erbenn geschit, Alsobann

6*

sollenn solche pecht Carin Moltke vnd seinen Erbenn, ober whem dieselbhgenn nach seinem thot auf sallenn, folgenn. Jdoch behaltenn wir vns vor, Wohe innerhalb Sechs iahrenn durch Carin Moltkenn ober sein Erben die bemeltte pecht widervmb nicht gelossett, das wir byselbhgenn, bo es vns gelegenn, alsbann ahn vns zu lossenn macht habenn wollenn, Doch das wenigers nicht Moltke vnnd seinen Erbenn in allen wegenn die losunge daran habenn sollen. Des zu vrkunt vnd mehrer sicherheyt habenn Wir abwehsens vnsers gewonlichen Hoflagers Schwerin vnser Secrett hiran gehenget. Geben zur Wismar, Dinstags nach Conuersionis Pauli, im funftzehen hundert vnd funfvndviertzigstenn ihare rc.

Nach dem Originale, im Archive der Stadt Rostock, auf Pergament. Das Siegel ist abgefallen.

Nr. 25.

Die Brüder Johann, Christoph, Joachim und Jürgen Mörder auf Daskow verpfänden dem Kloster Marienehe 6 Mark Pacht aus dem Dorfe Mützkow.

D. d. 1545. Mai 15.

Wy Johann, Erhstoffer, Achim, Jurgen gebruder de Morber, erffzeten tho Darsow, Bokennen apentlyck in dussem breue vor vnß, vnsen eruen vnd iebermennichlyck, dat wy myt wolbedachtem mote vnd rabt vm vnß vnd vnser eruen nuth vnd nottrofft den werdigen vnd andechtigen heren **Marqwardt Beren**, prior, vnd der gantzen sammelinge der Chartuß Marien=Ehe vnd eren nhakamelingen recht vnde rebelick vorkofft hebben, ock iegenwarbich in crafft busses breues vorkopen soß marck sundischer penningen in munthe, wo thom Stralesunde genck vnde ganckbar is, iarlyker pacht in vnsem dorpe Muscow genometh, in vnd vth dem haue vnd houen, be nw thor tybt bewanet vnd boweth Thytke Goßhals, vor vefftich gulden houetstols bersuluen munthen. Dusse vorbenomede soß marck iarliker pacht scholen alle iar, bewhyle be houestol vnbetalet is, van gedachten Thytke Goßhalz ebber synen nhakamen vorgescreuen prior, conuenth ebber eren nhakamen, vnd myt eren whyllen hebber busses breues, entrichtet vnd betalet werden vp Martini, sunder ienich webberseggent vnser ebber vnser eruen, sunder vorhinderinge ebber rechtganck vor geistlyck ebber werthlycker rychter, ock ane alle argelist vnd geser, ock mogen be gedachte Carthuser borch

ſyck effte erem boſel hebben panden laten, dar in wy effte vnſe
eruen borch vnſz ſulueſt ebber borch eynem anderen gar kehne
vorhinderunge von ſcholen ebber whllen. Forber ſcholen vnd whllen
wy, vnſe eruen vnd erffnamen vorberurden Carthuſer vnd eren
nhakamen buſſes kopes eyne rechte gewer vor vnſes Landes=
furſten, ock wo iemanth recht effte ſuſt buſſes kopes ſe an=
ſprecken ebber ethwes webber ſe beginnen wurden, in welcker
geſtalt dat geſchege, ſchollen vnd whllen wy vp vnſe egen koſtinge
vortreben, ße ſolcke anſpracke benemen vnd ſchabeloß holden.
Vnd effte myt der thyt an buſſem breff ſchabe geſchege ebber
ibtwes darinne befunden ebber vthgelaten, darborch he ge=
krencket ebber vorſwecket mochte werden, ſchal genanten cloſter
tho nenem ſchaden rehken effte framen, men ane alle geſerbe
trwlyck vnd gelyke vaſt geholben werden. Duſſe alle vorge=
ſcreuen puncte vnd ſtucke vnd ehn ieber by ſick lauen wie Jo=
han, Crhſtoffer, Achim, Jurgen gebruder de Morder genomet
vor vns, vnſe eruen vnd erffnamen gebachten Carthuſeren vnd
eren nhakamen by vnſen ehren vnde truwen vnd gelouen tho
holdende vnd nhathokamen in crafft buſſes breues. Wo wy
gebachten Morber ouerſt ebber vnſe eruen gewilliget wurden,
van ben gebachten Carthuſeren webber tho kopende ebber tho
bringende, ßo ſcholen wy gebachtes Cloſters tho der thyt vor=
weſer vp Johannis Baptiſte mibbenſamers de loßkundigen bhon,
vnd vp negeſtfolgende Martini dach den houeſummen ſampt
den hynderſtellinge vnd bebageben pechten in einem ſummen
bynnen dem Straleſunde entrichten vnd betalen. Duſſes alles
tho warer orkundt vnd vorſekeringe hebben wy Johann, Crh=
ſtoffer, Achim, Jurgen gebruder de Morder genanth vnſes
olbeſten brubers, alſe myn Johan Morder, ingeſegel in ſtabt
vnd ſtebe vnſer allen gewhtlyck vor buſſen breff hangen laten,
vnd beneuen vnß de Erbaren vnd erentfeſten Otto Jorcken,
erffzeten thom Trynbe Whllershagen, Izhuerth Dechow, erff=
zeten thor Puthenisse, thor tucheniſſe vnd thor whtlykheit ock
ehr ingeſegel ock whtlyck von hangen nebben an buſſen breff,
geſchreuen in ben iaren vnſes heren veffteyn hunbert barnha
im vyſfvnuertigeſten iare, am Frhbage nha der Hemmelfarth
Chriſti.

<small>Nach bem Originale, auf Pergament, im Stabtarchive zu Roſtock, mit
3 unkenntlich geworbenen runden Siegeln, aus gelbem Wachs, an
Pergamentbänbern.
Auf der Rückſeite ſteht die alte Regiſtratur:
Litera der Morder VI mr. in Muskow prope Sundam.</small>

Nr. 26.

Die Burgemeister und Rathmänner der Stadt Stralsund verpfänden dem Karthäuserkloster Marienehe 80 Mark Renten aus den Stadteinnahmen für ein Capital von 2000 Mark, womit mehrere pommersche Familien abgelöset sind.

D. d. Stralsund. 1546. September (22).

Wy Burgermeistere vnnd Rabtmhanne tho deme Strallssunde Bekennen apenbar In vnd mit Diessem breue Vor vnns vnnd vnse nakomelinge vnnd suß alszweme, Dat wy vann dem Werdigenn vnnd Geistlickenn vaber Hernn Marckwarbe Priori vnnd deme gantzenn Conuente des Closters Marienehe, Carthußer orbenns, By der Stadt Rostogk belegenn, thor noge entpfangen vnnd vpgebort hebben Twebufent marck sundis ahnn redem gelbe vnnd munthe, Szo tho dem Szunde vnnd Rostogk genge vnnd geue is, Die wy in vnnser stabt kentlicken nutt vnnd framen webber gekert vnnd gewendet Hebben, Nemlick in vnnd tho afflosinge der Tynße vnnd Rennthenn, Szo die Lotzßenn vnnd Varenholte tho Stettin, Der Stoientinischen thom Gripßwolde Vnnd Er Hermen Webger thom Stralssunde, Ock der vpgemelten Carthußer brieff vp twelffhundert marck lubende vnnd anderer mher Houethsummenn vnnd schulde vp vnnser stabt gehat, na lude erer segell vnnd breue rc., Denn wy soß, ock viff mark vor ein Hundert geuenn mostenn rc., Vnnd vor die suluigen Twe Dusent mark sundisch Hebbe wy deme genanntenn Priori vnnd gantzem Conuente vnnd eren nakomelingen rechtes vnnd Redeliches kopes vorkofft vnnd vorkopen enen so iegenwerdigenn in crafft vnnd macht diesses briues Achtentigk mark sundisch iarlicker renthe, Die wy ehn Edder hebber Disses breues mit erem willen alle jar vth vnnser stabt wissenn vnnd redesten renthe vnnd vpkomingen, wor wy die hebben, sunder eren schadenn vnnd Hinder vnbekummert vp sunte Michaelis Dach binnenn vnnser stabt Szunbt gutlicken entrichten, hantreckenn vnnd betalenn scholenn Vnnd willenn ahn gelde, so alhir thom Sunbe vnnd tho Rostogk genuge vnnd geue. Ock scholenn noch vnnd willen wy Burgermeistere vnnd Rabtmhanne, vorgeschreuenn By Louenn vnd truwenn nenerley gebinge genethenn effte bruckenn, Dar wy die Erbenombe Heren Prior vnnd gantze Conuent Ock ere nakomelinge Edder die holder Diesses brieues in botalinge der vorschreuenn Renthenn vnnd eres Houetstols mochtenn geletted, gehindert effte beschebiget werdenn. Wy hebben vnns ock inn deme vorschreuenen vorkope beholdenn, Dat wy vnnd vnnse nakomelinge die vorgenannten Achtentigk mark sundis Renthe vann dem vorgedachtenn Priori, Conuente vnnd eren nakomelingenn Ebber dem Holder disses breues mit erem willenn webber kopenn mogen vor ßobane twe Dusent mark sundisch Houethsummen By ein Dußent mark sundisch afftoloßennde, Vnnd benne Dissen kopbrieff barnha to Innouiren ebber tho noranderen, wo vnns dat bekweme is. Doch wenner wy benn webberkop bhenn willenn, Dat wy benne bem gemelten Herrn Priori, conuente vnnd eren Nakomelingen vnnd medebenomedenn ebber Inhebber diesses breues Datsuluige Ein halff iar thouorn vorwitlikenn, vnnd vorkundigenn willenn Vnnd wenn wy benn webberkop alßo vorkundiget hebben, Szo scholenn vnnd wyllenn wy op Michaelis negst nafolgende die vorgerurbe twe Dusent, ebber wo vnns bat nicht gelegenn, ein bußent margk sundisch, ahn gubem Pagimente, ßo tho dem Szunde vnnd tho Rostogk genge vnnd geue is, mit ber plichtigenn vnnd aller nastande Renthe, in einem summen, tho erer noge, Inn ber stabt thom Sunde gutlickenn entrichtenn vnnb sunder Insage wol tho Dauncke betalenn. Alle vorschreuen stucke, puncte vnnd articele Laue wy Borgermeistere vnnd Rabtmhanne erbenomet samptlickenn vnnd besunbergen vor vnns vnnd vnnse nakomelinge Den gemeltenn Herrn Priori vnnd gantzenn Conuente, eren nakomelingen Ebber dem Hebber dieses breues mit erem gubenn willen Inn gubenn truwen stebe vnnb vaste vnnb vnuorbraken tho holbenn Inn allen thokamenben tyben sunder argelist, behelpinge Geistlickes effte wertlickes Rechtes. Vnnd des tho mherer seferheit, bekenntnisse vnnb vorwaringe is vnser Stabt Secret, Des wy vnns thonn Renthebreuen brucken plegen, witlicken benebben gehanngen ahnn Dissenn brieff, geschreuen thom Sunde nha Christi gebort vnnsers herrn Dusent viffhundert vnnd ihm Soßvnnbuertigesten Jare, nha Matthei Apostoli.

<small>Nach dem Originale, auf Pergament, im rostocker Stabtarchive. An einem pergamentnen Banbe hängt ein gut erhaltenes, großes, runbes Siegel der Stabt Stralsund, mit grüner Einlage, auf blumigem Grunbe die Pfeilspitze (Stral), mit der Umschrift:</small>

✠ SIGILLVM · STRALESSVNDENSE · SVPER · REDDITVS.

Nr. 27.

Marquard Behr, Prior der Karthause Marienehe, berichtet an den Herzog Heinrich über die Haferlieferung aus dem Klosterdorfe Gr. Stove und über die Amtsentlassung der Priorin des Klosters Dobbertin.

D. d. Marienehe. 1547. März 13.

Irluchte, Hochgebarne Forste vnd here. Mhn willige, Andechtige gebebe gegen gott alle tibt touorn. Gnebige here. Id bibbe J. f. g. bemobigen vlites to weten, dat vnse Closter ein dorp Groten Stowe gnant van den Erbaren die Baffewitzen erfflick gekofft, In sulckem dorpe vor .... ein stucke ackers befunden, darvan der besitter alwege Jerlicken to dem Archidiaconat In vnse liue frumen kercke to Rostock Jerlicken twe bromet hauern gegeuen, Szo denn Itzt albar kein pastor, verstee Ick, J. f. g. orem Amptman to Swan beuolhen, sulcken hauern to fordern. Nadem auer, wat Jn gots eren ein mall gegeuen, na vermogen gotlicke vnd beschreuen recht, alwege bliuen, diewyl wat dem menschen verheiten vnd togesecht, to allen tiden creftig syn, wie vele mehe, wat got vnd gots denst belangt, vnuerruckt geholben werden schall, Bibbe gantz bemobiglick, J. f. g. dat gnebiglick behertigen, solcke gifft Jn synen werden laten vnd vns beuelhen wollen vliet ankeren, wat hinderstellig van dem besitter deß ackers, die vnuermogent is, met der tibt to erlangen, dat suluige nicht Jn vnsem nott, sonder to der eren gads wenden, bet webber ein kerckhere to der gnanten Parren verordent, dem solck twe bromet, Jnmaten et gestifftet, vnuerhindert volgen, vp dat sulcks nicht to wertlicken handen gebeige vnd der kercken affhendig werde, darvor van gabe Jn ewicheit belonung warbende syn.

Tom andern wil Jck J. f. g. nicht bergen, dat Jn uergangen Jaren die hochwerdigen Jn gott Bischop to Swerin seliger gebechtnus ihnen vorfaren vpgelecht, dar to etlicke geistlick personen dar to dinstlick enen togegeuen, die Junckfruwen=Closter, sco Jn orem stifft Jm geistlichem stande gereformiret, na ordens whyse to visitiren vnd wu sick eigent to besuken, demsulwigen na heist die Erwerbig domina Priorissa to Dobbertin mh mehrmals mit allem vliet darvmb ersucht, die beswering ores Amptes halnen hefft, darvan gerne erloßet were, welcks auerst vor dat Closter nicht sehn

wolde, Szo denn J. f. g. sick gegen my wol hefft laten ver-
nemen, wat die Closter vnd ore religion belangende, wolde
sick diesuluige nicht vnbersteen to verandern, sonder sy
In orer vtsettung laten, Bibbe Ick sonderlickes vlietes, wolde
my verstendigen, offt et J. f. g. nicht toweder vnd entgegen wer, zo sollks, wu vorstet, van my vorgenomen
worde, my hermede versuluigen J. f. g. als mynem gnebigen
heren beuelhende. Datum am Sontag Oculi, anno 2c. Im
XLVII.
    J. F. G.
    W. B. Marquarbus, der Carthws MarienEhe
     vor Rostock Prior.

 Dem Jrluchtigen, Hochgebaren Forsten vnd Heren, Heren
Heinrichen, Hertogen to Meckelnborg, Forsten to Wenden,
Grauen to Swerin, Rostock vnd Stargart der lande herren,
mynem gnebigen Herrn.

<small>Nach dem im großherzogl. mellenburg. Geh. u. H. Archive zu Schwerin
aufbewahrtem Originale, welches, auch in der Unterschrift, von einer
fremben und andern Hand geschrieben ist, als welche die frühern
Briefe des Priors Marquard Behr geschrieben hat. Der Brief ist
mit dem Siegel des Klosters Marienehe versiegelt gewesen.</small>

Nr. 28.

**Christoph von Bülow leihet von dem Karthäuser-Prior
Marquard Behr zu Marienehe, seinem Oheim,
50 Gulden gegen Verschreibung und Bürgschaft.**

D. d. 1550. Mai 1.

 Ich Christoffel van Bulow erffgeseten tho Rensow bokenne
vor mi vnnd myne eruen vnnd sus ebermennichlichen, de dessen
breff syn ebber horen lesen, bat ich witlinger vnnd bokentlicher
schult schuldich vnnd plichtich byn midth minen rechten eruen
den ernerbigen heren, her Marquardt Ver, prior tho
ber Kartuß, mynen fruntliken leuen om, ebber synen
Nakommelinge vefftich gulden an munthe, alse im lande tho
Mekelenborck besth genge vnnd geue synnt, be he mi an ehn
summen rede thogetellet vnnd geban hefft vnnd ich tor Noege
entfangen hebbe verdt vnnd mi vnnd miner eruen nutte vnnd
framen geuendet hebbe. Disse vefftich gulden schall vnnd will
ich Christoffel van Bulow ebber myne eruen her Marquardt
Ver ebber syne nakummelinge bi minen eren vnnd truen vnnd

guden gelouen vp thokamende vmeslag, wen men schriuen verdt den veniger tall ehn vnnd vefftich, an allen synen hinder vnnd schaden banbarlich bedbergeuen. So hebbe ich Christoffel van Bulow angefellen vnnd gebeben be erbaren vnnd duchtigen vor mi vnnd mine eruen to lauende, alse Berendt van Lesten erffgeseten to Gottinn vnnd Achim Bassewiffe erffgesetzen to Hogen Lukow, vi borgen vorges[screuen] lauen in [crafft] bisses breffes [vnnd] midt ener vngesegeben handt [in gude]n gelouen stebes vnnd vasth to holden. Effte in der botallinge [summet] vorbe, ehn islich borge man ehnen tho huse vnnd haue tho soekende midt schrifften ebber midt muntliken baben, Wen sodanne vormannunge geschen is, so schal be samende handt mit alleme rechten veruolget sin, vnnd vnser ehn vp ben andern nicht tho wisende, ben van stundt an bar noeafftig paube, Vorlangen ber Her Marquardt Ber ebber syme nakomelinge sym gelt mede bokemen mach, tho vorsettende vor em bouellich is vor ben summen, vnd noemen borgen losch syn schallen, sunder be erste penninck si midt den lesten botallet vnd vornoeget. So in bissen breue etuess vorsummet vere in dichtende ebber in schriuende ebber hoelle krege, insegel tobreken ebber vnnredt bar tho queme, bat schal vnns van beiden parthen nennen schaden ebber framen geuen. Woll bissen breff [hefft] midt her Marquardt Ber ebber synne nakommelinge willen, schal he em so bohulpe-lich syn, iffte he em van worden vnb tho geschreuen ebber van namen tho namen. Alle bisse vorgeschreuen artikel vnb punct vnde stukke laue ich Christoffel van Bulow vorgeschreuen im guden gelouen, stebe vnd vaste, sunder henniger nifundent, hulpe rebe, quabt geferbe, wen bat nennen mach, woll tho holbende. Dis tho groteren gelouen ber varheibt so hebbe ich Christoffel van Bulow wes vorgeschreuen vor mi vnb minen eruen myn angebaren midt myhnen meblaueren midt willen vnb widtschappe hengen hethen vor bissen myhnen apen breff, gegeuen vnb ge-schreuen nach Christi gebordt busent viffhundert bar na in bem en bem vefftigen iare, Philippi vnd Jacobi bage.

<small>Nach bem schwer zu lesenben und flüchtig geschriebenen Originale, auf Papier, in Cursiv, im Archive der Stadt Rostock. Beigedruckt find 3 unkenntlich geworbene, aufgebrudte Siegel. Die auf ber letzten Rückseite burch Rostflecke unkenntlich geworbenen Stellen sind burch Conjecturen in [ ] ergänzt.</small>

Nr. 29.

Der Burgemeister Christoph Lorber und der Bürger Olof Lorber zu Stralsund und ihre Erben empfangen von der Karthause Marienehe für die vielen derselben geleisteten Dienste 200 Gulden, die sie dem Kloster schuldig sind, für den Fall der Aufhebung des Klosters geschenkt, unter der Bedingung, daß sie die Zinsen mit 9 Mark an die Klosterbrüder bezahlen, so lange noch welche am Leben sind, nach deren Tode aber zwei Drittheile der Zinsen zu milden Zwecken verwenden, ein Drittheil aber für sich behalten sollen.

D. d. Stralsund. 1550. Junii 16.

Wy Christoffer Lorber Burgermeister vnnd Oloff Lorber Borger vnnd Oldermann der Wantsnider binnen Stralßunde, vor vns vunde vunße eruen, bekennen vunnd betugen vor ibermennichlich, de bissen breff sehen ebber horen leßen, Dat wy entfangen hebben van dem Erbaren werdigenn vunnd Anbechtigen heren Marquardo Bheren, priore, Christiano Westhoff, Schaffer, vunnd dem gantzen Conuent des Closters Carthußer Ordens Marienehe vor Rostock blegen twe vorzegelbe webbeschattes breue, Alße nemblich einen webbeschattes breiff lubende vp ein hundert gulden munthe vunnd vehr gulden ierliker renthe mty Christoffer Lorberen, Vnnd den anderen webbeschattes breiff ock vp einhundert gulden munthe vunnd ierlich viff gulden renthe, samptlich sundescher vunnd Rostogker werunge, my vpgemelten Oloff Lorberen angande vunnd belangede, Die wy dem vpgemelten priori vunnd Conuent vpberorbes Closters iarlich vp Michaelis vunnd Martini tho geuende vunnde tho entrichtenbe vuns vorschreuen, ock bancflick bethalbt hebben, Wo wy benne ock henfurber vp nafolgenben boscheybt ebber ßo lange wy die vpgemelten houetsummen nicht affloßen, ock noch gerne bhoen scholen vunnd willen, Auer vmme mennigerlei truwe beinste, moye, vlybt, arbeibt vunnd sorge willen, so wy in bissen geschwinben tyben erholbinge vunnd vorbegebinge haluen der vorgemelten Cartußere, ehrer gubere, herlichheit, eigendom vunnd gerechticheit angewanbt vunnd gebhan, Vnb noch vorban, so uele vunß iummermer mogelich, mit allem flite gerne bhon wollen, Szo hebben ße bauen die bebingede vunnd vorganbe webberloßinge der vorberurben twyer hunbert

gulden, wen vuns dat gefelt vund euen lumpt, sick mit vuns
der vpgemelten twyer hundert gulden houetsummen vund ierlichen renthe haluen, wo vorsteit, vpt Nyge frintlich ingelaten,
vordragen, nhagegeuen vund bowilliget, Dergestalt, wo ebt sick
thobrege, dat sie der Cartußere vunde der zuluigen tho
Marienehe ingeklebten perzonen vuud professen vth
ereme Closter Marienehe vorbreuen vund ilgen anderen
erhliken Ordenn sick entholden musten, Dat wy ehnn denne
edder bewhle der vpgemelten perßonen, zouerne die sick christ-
lich, erlich vund vprechtigh holden, einer im leuende is, alle
iar van den twen hundert gulden houetsummen die vorgeschreuen
renthe, nemblichen in suma iarlich IX gulden renthe ehrlich
vund vprichtigh scholen vund willen entrichten. Im vhall auer
vund zo dat Closter Marienehe abstrahirt vund disse vpgemelte
Cartußer vunde des Closters itzige professen darinne lenger
nicht zin, noch anders wor, wo ehrgemelt, sick entholden, edder
kehner van ehn mehr im leuende syn wurde, alßdanne scholen
vpgemelte houetsummen by vuns Christoffer vund Olef Lorberen vund vunße eruen edder erffnhamen bliuen, Sunder mit
den gemelten renthen vor die twehundert gulden schal ebt tho
ewigen dagen darnamals alßo geholden werden, Nemblich dat
wy edder vunse eruen effte erffnhamen scholen vund willen ein
part edder ein beill van den vorberurden renthen keren, geuen
vund wendhen tho utsturinge vund berabinge armen iunckfrowen,
Item dat ander beill edder anpart tho wande, scho vunde
anderer notroff rechten arme notrofftigen lude dar myth tho
klehbende, Vund dat drubde beill vann sulchen ierlichen renthen
schall by vnns Christoffer vund Olef Lorberen vund vunßen
eruen edder erffnhamen vmme vunßer menniggefoldigen truwen
deinst vund wolbat willen tho vunßem nut vnd profyt bliuen
vund inne beholden werdhen, Wo vuns denne gemelte Prior
vund Conuent zodans gelauet vund thogesecht hebben, Vunde
des alles tho so uele mehr vorßekeringe neuen vunßen ingeßegelen
ock des Closters Marienehe segel mit tostellinge vunßer breue
hyran hangen laten, Vund den wy disses tho tuchenisse vund
Orkundhe dissen breiff mit vunßerem angebarnen Pitzerenn ober
ingeßegelen vor vuns vunße eruen vund erffnhamen ock vor-
ßegelen laten hebben. Gegeuen vund geschreuen thom Stralßunde, in denn iaren vunßers heren Jhesu Christi geborт Dusent-
viffhundert vunde vefftich, am Softeinden dage des Mantes
Juny.

Nach dem Originale, auf Pergament, im Stadtarchive zu Rostock. An-
gehängt sind an Pergamentstreifen 3 runde Siegel, mit eingelegten
grünen Platten, nämlich

1) das große Siegel der Karthause Marienehe, mit dem gekrönten Standbilde der Maria, das Christkind im Arm, und der Umschrift:
S' LAX MARIA hUMILITAS
2) das des stralsunder Burgemeisters Christoph Lorber, wie es zur Urkunde vom 5. Mai 1528 beschrieben ist.
3) das des Olav Lorber, mit dem Wappenschilde des Christoph Lorber und mit der Umschrift:
OLEF LORBER.

Nr. 30.

Karin Moltke zu Toitenwinkel verpfändet der Karthause Marienehe 75 Mark jährlicher Pacht aus Mechelstorf und belegt die derselben am 20. Januar 1545 in Toitenwinkel verpfändeten 7 Mark 6 Schill. in demselben Gute.

D. d. Rostock. 1551. Januar 20.

Ick Karin Moltke Erffgeseten to Tobendorf ɾc. Bekenne offentlich mit dissem breue vor my, myne eruen vnd erffnamen vnd suß vor alsweme, te ene sehen, horen effte lesen, dat ick mit wollbedachtem gemote vnd tibtlickem rade, dorch myne vnd myner eruen nuttes vnd nottorfft willen, grotern schaden hirmith vhartokamende, mit willen vnd volborth der Durchleuchtigen Hochgeboren Fursten vnd Hern Heren Heinrichs vnd Johans Albrechts, gefettern, Hertogen to Mecklenborch, Fursten to Wenden ɾc., als der Lehenheren, vnd des Erbarn vnd Erntfesten mynes leuen vettern Geuerth Moltken, darmit ick in samendem lehen sitte, dem Wirdigen vnd andechtigen Hern Marquardus Beren, prior, vnd der gantzen vorsammelinge der Chartuseren vor Rostock gelegen MarienEe genanth vnd ehren Nakamen vissunbesauentich marck sundisch in mynem dorpe Mechelstorpe iarlicher tynse vnd renthe, alle iare vp Nicolai des hilligen Bischoppes behafftich, vp enen rechten wedderkop vor desstein hundert marck dersuluigen munte houetstoll disser lande werunge vorkofft hebbe, de ick in ener summa thor nuge van en empfangen vnd in myne vnd myner eruen beteren nuth vnd framen gekeret vnd gewendet hebbe, vnd segge se solcher botalinge qwitt, lebbich vnd loeß in vnd mit krafft desses breues. Tho deme vorlate vnd auerwise ick gedachten hern Chartusern in demsuluigen dorpe Mechelstorp noch Söuen marck vnd soeß schillinge sundisch, so ick en in mynen whanhoff to Tobenborp in einen besundergen breue, in mhn dorp Hesekendorp ludende, vorkofft vnd vorschreuen hebbe, besuluigen schalen se ock in dessen itzborurten dorpe beneffen denn andern pechten vnd thyn= sen vp besuluigen tibe empfangen vnd vpnemen ꝛc. Jbt schalenn genante Hern des Closters MarienEe vnd ere nakamen de vhargeschreuen rente vnd pechte von den luden to Mechelstorp vp vharuthgedruckede tibt inforderen vnd vpnemen, vnd sunder= lich by namen van dessenn: Hans Krull gifft twolfftehalue marck, Peter Wittingk gifft voffteindehalue marck, Lauerens Volckmann gifft thwelff marck, Hans Kruse gifft brubdehalue marck, Hans Duncker gifft vier marck, Hinrick Tode gifft viff marck vnd dre schillinge, Hans Volckmann voffteindehalue marck, Lauerens Metzger gifft achteindehalue marck pacht. Vnd wo iemandt van dessen luden to geuende sumich worde, so schalen vnd mogen se de dorch ehren voget panden laten, darynne ick en ebber mhne eruen dorch vns suluest ebber dorch enen an= dern ghar keine vorhinderinge boen schalenn vnd willen, ock de suluigen buren em vhargeschreuen mit vnwantlicken beinsten, schattingen ebber anderem, wo dat geschein muchte, nicht bo= sweren, dardorch se vorhindert, ehre iarlicke plege en vthto= geuende, noch to bonde by andernn gestaden, bosunderen by eren beinsten vnd oldenn gewanheiden vnuorhindert bliuen laten. Ick, mhne eruen vnd erffnamen schalen genanten Carthusern vnd eren nakamen desses webberkopes ene gerechte were shn vor vnsen Landesfursten vnd menniglich, vnd wo iemant mit rechte ebber sunst se ansprekenn ebber ettwes webber se begynnen worde, in welcker gestalt dat geschege, schalen vnd willen wy se vp vnser egen kostinge vortrebenn, sulcker ansprake bernemen vnd schadeloß holden. Vnd effte mit der tibt an dessen brieff schade geschege ebber ethwes darynne bosunden ebber ethwes vthgelaten, dardorch he gedabelt muchte werden, schal genantem Closter to kenem schaden reken vnd kamen, sunder alles ane alles geferde shn vnd geholden werden. Jck Karyn Moltke vor my, mhne eruen vnd erffnamenn vhargeschreuen vharuth= gedruckede thyse vnd rente gedachten Chartusern vnd ehren nakamen vp enen rechten webberkoep, wo webberkopes recht vnd gewanheit is, rede vnd laue by mynen waren worden, eren, truwen vnd gelouen, alle artikel, so in dessem breue vth= gedrucket, tho holden vnd natokamende in crafft desses breues. Wo ick auerst, ebber myne eruen des vermagens vnd vharge= schreuen thyse webber affkopen wolden, so schale wy dem vhar= weser gedachts Closters ein iar to varne, alse vp trium regum, de loßkundinge boen vnd volgenden iares den houetsummen mit sampt ben hinderstelligen vnd bedageden thysen vnd renten in ener summa to Rostock vthrichten vnd botolen. Vnd wo ick vnd myne eruen bobacht weren, be pechte errflich to vorkopen, so schalen gebachte Carthuser vnd ere nakamen vor anbern bes kopes negest wesenn. Des alles to warer vrkundt hebbe ick Karyn Moltke vor my vnd myne eruen, vnd beneffen my be erbarn vnd erntfesten Geuerth Moltke to Drusenitz, Christoffer von der Lue tho Koltzow, Hermen Karckborp to Schabow vnd Jorgen Hoge to Vynstorp thor tucheniffe vnd wittlicheit vmb myner bebe willen alle vnse ingesegel effte pitziren wittlich bonn hangen vnden an bessen brieff, gegeuen vnd geschreuen to Rostock, im iare na Christi vnses heren geborth busent vyffhundert vnd im einundvoffstigesten iare, am bage Fabiani et Sebastiani 2c.

Auf einem angehefteten Zettel:

Ick Karyn Moltke bokenne ock in vnd mit besser hir angehefteten czerten vor my vnd alle myne eruen, bat woll bissenn breiff auer bessen koep gestellet mit gebachter hern Chartuser Consent vnd weten innehefft, bensuluigen willenn ick vnd myne eruen, iboch vnserm webberkop vnd lose vharboheltlich ane schaben, holben alle puncte vnd artickel besses breues, gerabe effte he enn von worden to worbenn vnd by namen togeschreuen wiere. Item bewise my vnd mynen eruen ock von itzgebachten heren eines mannes beinstgelt alse vier marck thwe schilling by Hans Gowen to Hesekenborp vthtobuten, vnd se an anber lube to vorwisen, ist gunstiglich vorgunt vnd nagegeuen worden, so schalen gebachte hern Cartuseren vnd ehren nakamen sobane viff marck vnd einen schilling numher iarlichs ock vth Mechelstorp; alse nemlich von Peter Korbes botalet vnd geuen werben, sunber arch, baran ick sie ock hiermit rechtlich gewiset vnd solchs vorlaten hebben 2c.

<small>Nach dem Originale, auf Pergament, im Archive der Stadt Rostock. An Pergamentstreifen hangen 5 Ringsiegel mit eingelegten grünen Platten, und zwar:
1) das von Karin Moltke auf Toitenwinkel,
2) das von Gebhard Moltke auf Drüsewitz,
3) das von Christoph von der Lühe auf Költzow,
4) das von Hermann von Karborf auf Schabow,
5) das von Jürgen Hoge auf Fienstorf.</small>

Nr. 31.

Bericht über die Einnehmung des doberanschen Hofes in Rostock und des Klosters Marienehe.

D. d. 1552. Nach Februar 1.

Bericht vom Doberanischen Hof.
Anno 52 vf purificationis Mariae Abendt ist hertzog Heinrich zu Megkelnburg gestorben. Da hat vnser g. h. hertzog Johans Albrecht fort baruff das Closter Doberan, auch den Doberanischen Hof durch Jürgen Rathenaw innehmen lassen, ingleichen vff dieselbe Zeit das Closter Marienehe vnd das Cartheuser haus in der breiden stras durch Mathias Koch einnehmen lassen. Vnd hat Rathenaw solchen Doberanischen Hof von Ao. 52 biß vff . . . . . . 57 geruhiglich den jenigen, so von den Mönchen daruf gesetzt, vnd einen alten Diener, so den Mönchen zu Doberan lang gedienet, daruf gesetzt. Es haben auch folgendts Hennigk Tornow vnd Otto Auerbergk, alß das Closter Doberan geteilet, den Hoff in die 10 Monat inne gehapt, biß sie der rath im octobri anni 57 entsetzt, den Hof ingenommen vnd zugeschlossen.

Aus dem großherzogl. Geh. u. H. Archive zu Schwerin.

Nr. 32.

Der Karthäuser-Prior Marquard Behr von Marienehe bittet den Rath der Stadt Lüneburg um Zahlung der fälligen Zinsen und Sülzpächte der Karthause.

D. d. Rostock. 1552. October 1.

Minn gebed tho God Almechtig, mit Armenn willigenn beinsten stets thouornn ɾc. Erbare, Weise herrn vnd guden frunnde. Id werdenn vngetwiuelt vth ingebrachtem berichte der Burgermeistere J. E. W. to berichtenn vnd sich to erinnernde wetenn, welcker gestalt ick vnlangest vann wegenn der bobageben Renthe vnd boringe, de vnse Gadeßhuß vnd Closter tho achtenn iß, bh J. E. W. vnd vann der Sulten foreringe gedann hebbe, Ock wes mh darvp bauenn alle thouorsicht thor Anbtword gegeuenn, Vnangesehenn datt ick inn bißenn swinbenn tibenn inn eigener persone mitt groten vnkostenn, Ock vahr mines liues mhn ahnn J. E. W.

vorfuget hebbe, effte nu J. E. W. mt) gegeuene Anbtworbt
vor Gabe vnb bem hilligenn Rechte mach gelben, iß nicht miner
kleinheitt to richtenn. Nachbem ber Stabholber breue lu=
benn: be Carthuß st) ber herrn bann Meckelenborg, be
bar nicht ein vott mall tho gegeuen, item ber guber
thor vniuerfiteten applicerenn, worumb syn be benne
auer be Ampte, ben sie negest gelegenn, parteret? Leuenn herrn,
wenn bar be gube wille bt) gewefet, wo lichtlig konbe gt) fo=
bans vorlecht, wile gt) vnber benn herrn to Meckelenborg nicht
geseten, vnb inn weinig vorschenenn tibenn iuwenn egenen
Lanbeßherrn webber Gob vnb batt gemeine beste richt hebbenn
inn sohanen ofte ber gelikenn willenn wilferbigenn. Vnb be wile
ick nu nochmalß ber troftlichenn vorhopeninge, J. E. W. mibler
tib sick inn benn anbers bebacht, Ock erer vorschriuinge, barinne
allerleie Exceptionn vnb vthflucht buthenn boscheiben, Ock erher
prebeceßorenn vnb vorheber exempell vnb vorganck vnb ber=
suluigen Erbar vnb ernftliche thoholbinge, Ock wes ehr vnb
willenn J. E. W. kinbernn, verwantenn vnb geschickeben hir
erzeiget, Ock henfurber, nicht angemercket mt) inn iungftenn
beiengenber vnbanckbarheitt, moge mitt gebelett werbenn, bar=
boneffenft merckliche framen vnb forbell vann bißes Closters
summen bt) J. E. W. bolecht so vele iahr bekommen, be wt)
vmb iegentwarbiger vnb ber gelikenn befaringe buthenn lanbes
boleuet vnb hir ock mitt rechtmetigenn vormeringen hebben
beftebigenn konenn, So bibbe ick frunblich op negeft vor=
schenenn Pafchenn vmb bebagebe Renthe, bartho ick vann
wegenn bes Gabeshußes borechtiget, Ock vann ber Sultenn
vnfe bell opkumpft nu borch J. E. W. behinbertt bt) egener
bobeschopp vnb vnkoftenn thoschicken, alß be ehrleuenbe vnb be
ehre segell vnb breue bt) macht tho holbenn gebencken. Dat ock
ber quietantien haluenn J. E. W. sohane borlike entrichtinge
nicht borft vthflicht nemenn, hebbe ick besuluenn bt) minem
werbten Lutkenn Schrober gelathen, vthnemblick ber hun=
bert vnb vif mr. op negeft vorleben Michaelis bebagett, be
ick hir mitt auersenbe. Vnb so J. E. W. sobans tho bonbe
nochmalß nicht bebacht werenn, alßbenne mt) sulchs webberomb
bt) iegennwarbigenn tho schriuenn, barmt)t ick mine sake
bar nach tho richten hebbe, benn inn bem Falle mofte ick
sulckens tho gelegener tib ber hogenn auerigkheitt, ock miner
frunbschop klagenn vnb borichtenn lathenn, vnb in bißem mi=
nem vnb bes Gabeshußes bebrucke berfuluigen rab, forberunge
vnb hulpe soken vnb bibbenn. Vnb blynn bennoch ber troft=
lichenn vorhapeninge, J. E. W. werb ib bar henne nicht kamenn
latenn vnb mi mitt rechtmetiger anbtwortt beigenn, bartho ick

7.

mh will vorlathenn, vnb bhynn solchs vmb J. E. W. tho uor=
benende willig vnd ieneget. Gabe Almechtig etwich befalenn.
Datum Rostock, sunnauendes nha Michaelis archangeli, anno LII.
J. E. W.
willige
Bruder Marquarbus Bere,
prior der Carthuß tho
Marienehe by Rostock.

Den Erbarnn, Vorsichtigenn vnd Wolwisenn herrn Bur=
germeistern vnd Rathmannen der Stadt Luneburg, minen ge=
truebenn, grotgunstigen herrn beinstlig.

<small>Nach einer Abschrift, auf Papier, im Archive der Stadt Rostock.</small>

Nr. 33.

Der Herzog Johann Albrecht von Mecklenburg fordert
den Rath der Stadt Rostock auf, sich wegen der
Güter und des Priors des Klosters Marienehe zum
Besten der Schulen und Kirchen in Gemäßheit der
Werbung des Canzlers Johann von Lucka gehorsam
zu bezeigen.

D. d. Schwerin. 1552. October 6.

Von gots gnadenn Johanns Albrecht hertzogk zu Me=
ckelnnburgk ꝛc.

Unnsern gunstigenn gruß zuuorn. Ersame, liebe getreuenn.
Wir zweiffelln nicht, ir werdet euch zu erinnern wissenn der
werbunge, so vnnser rabt vnnd lieber getreuer Johann Lucke
licentiat kurtzuorschiener zeit des closters Marienehe vnnd des
daselbst gewesenen priors halbenn vnserntwegenn an euch
gethan. Nun berichtet vnß gemelter vnnser rabt, daß ir die
sachenn in bebenckenn genommen, aber gegenn ime euers
gemüts nicht ercleret habt. Weil wir dann in der sachenn
nicht vnnsern nutz, sondern der schulenn vnnd kirchenn bestes
suchen, so begerenn wir demnach gnebiglich, ir wollet euch,
souiel des priors person, beßgleichen auch die güter belangenn
thuet, geschener werbung vnnd vnserm begern nach gehorsam=
lich vnnd gutwillig erzeigenn, damit ir, wan ir damit seumig
vnnd nachlessigk, nicht in benn vorbacht getzogenn werdet, als
sehget ir gerne, baß die kirchennguter vntergeschlagenn ober

sonstenn gemißbraucht wurden, oder als hettet ir sonstenn Lust zu weiterunge. Daranne thuet ir vnnser zuuorlessige mehnung in gnabenn hinwider gegenn euch zu erkennen, ewer schrifftlich antwurt hierauf begerenbt. Datum Schwerin, denn 6. Octobris Ao. rc. LII.

J. A. H. z. M.
Manu propria sst.

Denn ersamen vunsern lieben getrewen burgermeistern vnnb rathmannen vunser stadt Rosstock.

Nach dem Original im Archive der Stadt Rostock, nach einer Abschrift des Professors Schröter.

Nr. 34.

Der Rath der Stadt Wismar beglaubigt auf Ersuchen des Rathes der Stadt Rostock eine von dem Kar=thäuser=Prior Marquard Behr vorgelegte Urkunde der Karthause Marienehe.

D. d. Wismar. 1552. October 24.

Allen vnd ehnem islichen, watterley Standes, Condition aber Oberdicheit be synn, geistlick aber werdtlick, denn byse vnse apene breff vorkamet, den sehen aber horenn lesenn, vn=sern gnebigstenn, gnebigenn, holdenn, leuen hern vnd beson=dern gunstigenn gudenn frundenn, Dhonn why Burgermeistere vnd Rabtmanne der Stadt Wismar nach vnses vnter=thenigenn, flitigenn bensstes vnnd frumbtlichenn grutes irbe=dung, iewelechenne nach syne stabe vnnd gebor, withlick apen=bar bekennende vnnd botugende an vnnd mith dysem vnserm apenen breue, Dath why vmb frumbtlicher ansoching vnnd vil=faltiger bebe whllen der Erbarnn vnnd Whsenn hern Burger=meistere vnnd Rabtmanne der Stadt Rostock, vnsere frundt=lichenn leuen Nabure, burch vnse dar sunberlichs tho vororbente Radeslithmathe vnnb vorwante einen vorsegel=ten Pargamentsbreff, burch denn Werbigen Hern Marquardum Beren Priorenn der Carthus tho Ma=rienehe vor Rostock belegenn geprobucirt vnnd vorgebracht, hebben bosehenn vnnd vorlesenn latenn, Vnnd bewil gemelter Erbar Rabt der Stadt Rostock frumbtlick vnnd pittlich ahn vns gelanget, ehnen bessulnigen loffwirdige Copie, Transumpts aber Bibimus whse, der se sick gliechs bem Originali nha not=trofft tho gebruchenn mochtenn hebben, in loffwerdigenn schine

7*

vnder vnser Stadt Secret vnnd Segel mithodeilenn, Vnnd den
vorgemelten vorsegelden pargamentz breff thon henden also nhe=
menn vnnd flitigenn bosehenn latenn, vnnd synen Segelen vnnd
Bockstauenn allenthaluen glick, vngerabert, vncantzelert vnnd
alles wandels vnnd vordechtenis anich, vnnd sunst Sundt vnnd
vngeseriget befundenn, So hebben wy der warheit tho sture
solche ehre temeliche bede vp ansochen vnsers Richtlichenn Amptes
haluenn nicht weten afftoslande, Vnnd demnha densuluigenn
breff vth synem warafftigenn Originali vnd vorsegeldenn grundt=
breue tho copierenn, afsthoschriuen vnd vns thoertogenn to latenn
beualen, De vann wordenn tho wordenn geludet, wie folget:

   Brober Hinrick prior vnd de gantze sammenhynge
des huses Marienehe ordenn Carthuser vor Rostock
bolegenn Wy bekennen in dysem vnserm vorsegeldenn
breue, dat wy danckenamich botrachtet vnd in warer
Gothlicher leue bekant hebbenn gude vnd wolbath van
hern Wynolb Baggel Burgermeister tho Ro=
stock zeliger bechtenisse vnnd Wynolb Baggel sy=
nem sone vnsem orden geschein ahn stichende vnd
begifftinge des vorbenomedenn vnsers huses Mariene
vnd ahn andern velen frunthlichenn hulpenn vnd fur=
derungen tho rabende vnd to babende, mith trwen
fliten vnd mith gudem friem willen vnd wolbedachte
salicheit Wynolb Baggel vorbenomet geuen,
alse wy scholenn vnd mogen nach vnser vormoge vnd
vnses huses vorbenanbt, ewige Preuene, alse vnse
Conuentus sick des gebruket, vnd de wannige vnd
stenen celle by dem borwege tho der forbe=
renn handt in ingande des haues mith duringen
tho aller rebelicheit, darinne he suluen ahn syner
personenn wanen mach to der thyt synes
leuendes, Sich Gothlichenn, erlichenn, fredesame,
othmedigenn, reine aller vnflebicheit regerenn, heb=
ben vnd holden schall, Gabe tho laue, vnsem
orden tho ehren vnd sick thor salicheit, inn aller true
vnd boquemlicheit wesenn vnd leuenn, nach syner vor=
moge vnd der gnade gabes. Tho thuge vnd orkunde
hebbenn wy vnses huses groter ingesegell gehangenn
ahn dysenn breff. Geschreuen ahm iare vnsers leuen
hern M. CCCC. darnha ahm XLVII. iare, ahm nege=
stenn Frygdage nha Sunthe Dyonhsii dage.
Vnnd nhabem wy vpbemeltenn Burgermeistere vnd Rabtmanne
der Stadt Wismar byse iegenwardigenn Copie vnd Transumpt
iegen ehr Original ausculterenn vnd wie bauenberort auer=

sehen hebben latenn, vnd befundenn, dat be van wordenn tho
wordenn mith ehrem Originali vnd vorsegelbenn grundtbreue
auereingestemmet, so hebbenn wy tho frunbtlicher bith vnd an=
sochent vpbemelter vnser frunde vnd nhabur Burgermeistere
vnnd Radtmanne der Stadt Rostock Tho orkundt der warheit
dessuluigen, dath dyse vnse Transumptsbreff dem warafftigenn
Originali in allen worden vnd Bockstauen gelick ludet, Vnnd
sunst allenthalven also war is, wo bauengemelt, vnser Stadt
Secret withlich latenn hengenn ahn dysenn breff, De gegeuen
vnd geschreuen nha Christi vnsers leuen hern gebort vofflein=
hundert darnha im tweunbuefftigesten iare, Mandages nach vn=
becim milium Virginum.

<small>Nach dem Originale, auf Pergament, im Archive der Stadt Rostock.
An einem pergamentnen Bande hängt das Secret der Stadt Wismar,
mit eingelegter rother Platte und der Umschrift:</small>

✠ SACRATVM · BVRGENSIVM · DE · WISMARIA.

Nr. 35.

Prior und Schaffer des Klosters Marienehe protestiren
vor Notar und Zeugen gegen die Einziehung des
Klosters, fordern die Wiederherausgabe desselben
und stellen sich unter den Schutz des Kaisers und
des Reichskammergerichts.

D. d. Rostock. 1552. December 15 und 16.

In dem Namen des Hern Amen. Innt iaer na Gades gebortt
dusent vyffhundertt twe vnnd vefftich, inn der tehn=
den Indiction, die mhen nenneth benn Rhomer talle, donner=
dages, bede was die vyffteinde dach beß mantes Decem=
bris, Regerunge des Allerburchleuchtigestenn, Grothmechtigestenn
vnnd vnnauerwintlickestenn Furstenn vnnd Herrn Herrn Caroli
beß vyfften Rhomyschenn Keysers, allertybtt mherer des Rychs ꝛc.,
inn syne drey vnnd druttigestenn iaere, inn mhyner hyr vnnder
geschreuenen Notarii vnnde tugenn bartho geheyschett vnnde
geropenn iegenuwerdicheitt is erscheuenn die Werdige vnnd An=
dechtige Her Marquardus Bere, Prior der Carthuß
tho Marienehce vor Rostock belegenn, Swerynnsches Styffts,
im bywesenbe des Werdigenn vnnde Andechtigenn Herrn Chri=
stiani Westhoffs, Procuratoris edder Schaffers dersuluen
Carthuß, vnnd des Werdigenn vnnd Wolgelerdenn herrn Jo-

sephi Monnsters der Rechte Doctoren, nenen der Erbaren vnnd Erenntnestenn Styuerth Dechouwen, Geuerth Moltkenn, Gerdt vnnd Joachim gebrodern die Berenn genomt, Jurgen vnnde Chrhstoffer gebroderenn dann der Lue genomt, Joachim Lußkauwenn vnnd Bernndt Kronns, Burgern vnnd inwanerenn der Stadt Rostock, ßiner besibtenn fruntschop, vnnde hefft hoges clagenndes helle luder stemmen vth beswerunge sines gemoetes mitt vthgetinge der tranenn vorgebragenn: Wie dath he nu bauen die Souenn vnnd twintich iare were durch gades vthvorsehunge tho ehnem Priore der bemel= ten Carthus to Marienehe erwelt vnnd geckarenn, habbe ock, ahne allenn Rhom to seggende, diesulue Carthus vnnd brobere inn allenn gabesbennste, religion vnnd not= trofft vorgesehen, datt he vor gabe Allmechtigenn, dar tho ibermennichlich wolbe bekannt sunn, vnnd kehmannth scholbe ebber mochte iennige beklagunge auer ene vorbrhnngenn, vnnd also rewlick ahne ienige Perturbation deß gedachtenn Closters vnnd syner thobehoringe gesetenn vnnd die Prescription gebru= chett, habbe ock vorschenen iaren dann Hochgedachten Kehser= lichen Maiestatt vnnd Herrn Caroli des vefften Romes= schen Kehsers, vnnsers Albergnebigstenn Herrn, ehn offennt= lich Priuilegium Salui Conductus mitt annhangendem seiner Maiestatt Segele, dath inn sinen henden vnnd albar offentlich lesenn leth, gnetlich bekamenn, darhnne ene, sine mithbrobere vnnd die Carthus to Marienehe sampt alle siner tobehoringe vor alle gewalt vnd vnrechtt ibermennichlich hogeß vnnd nebbergen standeß beth tho erkenntnißes des Rechten genamen, Dath sulue Kehserliche Maiestatts Priuilegium habbe ock ibermennichlich, dar idt nottrufftich, vnnd besunnderlich denn Durchleuchtigen Hochgebarenn Furstenn vnnd hernn herrn Hein= richen vnnd Herrn Albrechtenn wehlandt hochlofficker bechtnuße neuenn erenn furstlichenn gnabenn Herenn Kynndern, itz be= sitteren beß Lanndes, Herrn Johanns Albrechtenn vnnd Hern Vlrichen, gebroderenn, Hertogenn tho Meckelunborch, Furstenn tho Wenden, Grauen to Swerhn, Rostock vnnd Star= garde der Lannde Herrn, myth Alberonderbeinicheitt neuen offentlichenn ausculterben Copien thogeschickett, Vnnd bath violenter vth bemeltem syme Closter sampt alle sinenn brobernn, darvnnder olbe bebagebe menrhe, enntsettet vnnd gar erbarmlich beß erenn beronett, spoliert vnnd inn batt exilium voriagett worden, Darvann he erstlich wolde offentlich protestert, darna Gabe Almechtigenn, der hogenn verordenten Auericheitt Kehserlicher Maiestatt vnnd alle syner fruntschopp geclagett hebben, Vnnd

wolde noch thom lestenn vnnd thor auerfluth mth gedachten
Apenbarenn Schriuer vnnde Notarium, inn iegenwerdicheit vun=
derschreuen tuge, inn bhwesende vorbemelten Statlichenn
frundtschopp vnnd verwantenn, mit gedachtem priuilegio
salui conductus Kehserlicher Maiestatt offentlich requireret heb=
benn, ick datsulue bemelte Hochgebarenn Furstenn vnnd
Hernn Hernn Hinrichen Hertogenn to Meckelnn=
borch 2c. vor sick, sine ernenn vnnd nakamelinge tho ewigenn
thbenn gnetlich gegeuenn, welchere de dato Anno Domini
dusent viffhundertt vnnde Souenn vnnd bruttich,
Noch ehnen Breff Fundationis bemelten Closters beß
Erbarnn vnnd vorsichtigenn Hern Winolt Baggelenn, ethwan
Burgermestere to Rostock, vnnd Mathias vann Bercken, Bur=
gere barsuluest, de dato Anno busent drehundertt vnnde soß
vnnd negenntich, Noch einen wilbreff op die melten Fundation
des Durchleuchtigenn, Hochgebarenn Furstenn vnnd Hern Herrn
Albrechten, der Swedenn vnnde Gottenn Konninnge vnnd Her=
togen to Meckelenborch, de dato Anno busennt drehundertt
soß vnnd negentich, Noch ehnen wilbreff vnnd Confirmationis
des Erwerdigenn inn Godt Vaders vnnd Durchleuchtigenn
Hochgebarenn Furstenn vnnd Hernn Hern Rodolphi, Bischofs
des Sthffts tho Swerhn vnnd Fursten to Meckelnnborch, de
dato Anno busent drehunndertt vnnd soß vnnd negenntich,
Darburch proberen vnnd bewisen wolde, bemelten hernn vann
Meckelenborch ann gedachtem Closter gar keine ge=
rechticheitt hebben, intimeren vnnd insinuieren wolde, mit
vorrechunge auscultereden copien dersuluen, Mitt flitiger vnnder=
richtinge vnd Vermanunge, ere furstlichenn gnaben mochten ene
vnnde de shnenn webbere restitueren vnnd to erer rouw=
samenn Possession wedder kamen latenn, vnnd bauen ere ge=
rechticheitt nine gewalt ebber violencie ane erkenntniße des
Rechtenn thosogenn wolde 2c., Demnha hebbe ick bemelte
Notarius alse gehorsame der hogenn ouerichehtt noch tho
bonnde nthme steueden ebe bie bemelten jura an mh genamenn,
vnnd velgebachten Hochgebaren Furstenn vnnd Hern
Herrn Johanns Albrechten Hertogenn tho Meckelnborch,
bie to der thbt binnen Rostock mitt dem Erbarn vnnd
vorsichtigen Herrn Gottschalte Hoppennstanngenn Rabt=
manne to Rostock thor herberge lach, inn bhwesennde vnnder=
schreuenn tuge vnnd fruntschopp vnnderdenichlich besochtt.
Dewile denne bh shner gnaben nhn gehoer erlanngen
konnden, shn wh vth beuell shner furstlichenn gnabenn vor=
whsett wordenn beth beß annderen bages tho sonenn
slegenn; folgenden bages auere, welchere was bie sesteinde

bach Maentes Decembris iegenunwerbigenn iaers twe vnnbe vefftich bin ick neuen minen tugen vnnd der fruntschopp vth furstlichenn gnaben beuell darfuluest webbere erscheuenn vnnde innstenbige vnnd flitige forberunge gebaenn, shner furstlichenn gnabenn mochte tho worbenn kamenn vnnd dat warff muntlich berichten. Darupp mh vnnd die fruntschop auermals beanntwerbenn leth, he habbe sinem Cantzelere vnnde consiliario, beme werbigenn vnnde hochgelerben Hern Johanni Lucka, der Rechte Licentiato, vnnd Hernn Carlo Drackstebenn, der Rechtenn Doctori, buth werff antonemenbe muntlich beualenn, wes nu vnnse werff, mochtenn bensuluenn inn stabt siner furstlichen gnabenn berichtenn. Also vorbt hebbe ick velgebachte Notarius inn bywesenbe der tuge vnnb togebebener fruntschopp bemelten Herrn Cantzeler vnnb Hernn Doctorem Carolum Dracfstebenn inn der Cantzelie, so se habben to Rostock in des Ersamenn Roloff Machenn behusinge, besochtt vnnb darfuluest famptlich tho hope besundenn. So hefft die werbige vnnb Hochgelerbe Her Josephus Monsterus, der Rechte Doctor, inn namen bemelten Hernn Marquarbi Beren Prioris, inn bywesennbe bemelter shner fruntschopp vnb miner Notarii vnnb tugenn, mitt der alberbestenn whyse, mathe vnnb forme, wo he best boen scholbe vnb mochte, bemeltenn Hern Johanni Lucka Cantzlere vnnb Carrlo Drackstebenn, consiliario, inn namen forstlickenn gnabenn batt werff, wie vorberert, berichtett, Darbeneuen mitt beme Priuilegio Salui conductus Kayserlicher Maiestatt vnnb anheffteber pene, ock langer Information vnnb vnberrichtunge des Closters ebbere Carthus to Marienehee, wie bie funbert vnnb priuilegiert, bartho gemeinen vprichtenben Lannthfrebe vnnbe funberlich ber gulbenn bullenn vnb latestenn besslutes vnnb auescheebes des Spirschenn Rickbages de anno vere vnnb vertich burch Kehserliche Maiestatt vnnb stennben des hylligen Romesschen Rychs offentlich bewilligett, sampt inholbenden penenn vnnb verpflichtungen losslich vpgerichtett, Des alles offenntliche ausculterbe Copien verreichett, solemniter intimeret vnbe infinuert inn namen Hochbemelten Furstlichen Gnabenn bann Mecfelnnborch Johanns Albrechten 2c., mith anhefftennber pene Kehserlicher Maiestatt vnnb beß Romesschenn Richs solemniter requireret, instenbich forberennbe, byddenbe vnb begerenbe, barhennbauenn gebachtenn Marquarbo Beren Priori ber Carthus to Marienehe vnnb shnenn broberenn neuen tobehorennben gubernn keyne gewalt mochte thogefoeget werbenn, funder ene vnnb die shnenn webbere tho erer rousam possesion vnnb besytt, baruth ahne alle erkenntenißze beß Rechtenn weltlich emtfettet, webbere kamen latenn vnnde henfurber keyne violencien, Iniurien vnnbe behinderinge wetennlich tofogenn, wennte bemelte Prior fampt denn fynenn vnnb tobehorenben guberen bogeue fick vnnder befchutt vnnb befchermunge Keyferlicher Maieftatt vnnb beß hilligen Rhomeffchenn Riches Hochlofflichen Camergerichte beth tho alle erkenteniße beß Rechtenn 2c. Nach fobaener berebunge, intimerunge, infinuerunge vnb requifition hebben bemellten Heren Johannes Lucka Cantzeler vnnb Doctor Carolus Drackftebe consiliarius die copien berurten Priuilegii Conductus Keyferlicher Maieftatt mitt allere vnderbenicheit fampt allenn anderenn Juribus vnnb Priuilegiis inn namen villgedachtenn furftlichenn gnaben Johannis Albrechtenn Hertzogenn vann Meckelnnborch anngenamenn, befuluen neuen genuchfamer information vnnb vnnberrichtunge erenn furftlichenn gnabenn opt flitigefte antogeuenbe vnnb offentlich bericht tho boenbe. Hyrup hefft vilgebachte here Doctor Jofephus Monfterus fampt ber vorberurtenn fruntfchop namenn vnnb vann wegen vorberurten hern Marquardi Berenn, Prioris ber Carthus to Marienehee, inn namen alle finere brobere, van my hyr vnbergefchreuenn Notario ehnn ebbere mher offentlich bofchynn vnb bowiß, fo uele ene nobich vnnb behoeff, tho geuenbe vnnb tho machenbe inftennbich erfordertt vnnb begert, batt ene ampts haluenn op mine billige belouinnge nicht hebbe wuft tho weigerennbe. Gefchehen to Roftock, barfuluest inn gebachten Roloff Machenn hufe belegenn by bem markebe, beß auenbes tho breen fchlegenn ebber barby, innt iaer, indiction, maente, bage vnnb regerunge, wo bauen beroth, in bywefennbe ber erfamenn vnb bofcheidenn Symone Gribbenitzenn vnnb Carftenn Hoyer, Clerick vnnb Letzen Zwerinffches Styffts, tuge hyrto gehehfcht vnnb geropenn.

Vnnbe ick, Erasmus Bobbeker, Clerick ber Stabt vnnb Styffles Brandenburg, oth Keyferlicher waltt apenbaeer fchriuer vnnb Notarius biffer vorberurten propofition, berebunge, intimation, infinuation, requifition vnnb proteftation, ock allen vnnbe islichenn, wie vorberort, byn ann vnnb auere gewefenn, die fo gefehen vnb angehort vnnb inn mine notam genamenn, baroth bitt iegenwerbige apennbare innftrumennte burch ehnenn annbern getruwenn, Dewile ick ehafftiger fache behafft, gefchreuenn, hebbe gemaket vnnbe conficiert, bartho mith minem gewantlichen Notariattekenn,

Rhamenn vnnd thonamenn beuestett, tho merer orkunde der warheitt hyr tho geeschett, gebebenn vnnd geropenn.

Nach einer Abschrift aus der Mitte des XVI. Jahrhunderts, im Archive der Stadt Rostock.

Nr. 36.

Der Stadt-Syndicus Dr. Nicolaus Genzkow zu Stralsund berichtet dem Herzoge Johann Albrecht von Meklenburg über die Verhandlungen wegen der pommerschen Güter der Karthause Marienehe.

D. d. Stralsund. 1553. Januar 1.

Durchlauchter, Hochgeporner Furst. Mein gantz whllig, vnuorbroffen dienste seint E. f. g. vngesparts bleyffes zu Jeber Zeit vorau bereit. Gnediger herr. Wie Itzo die sachen wegen der MarienEeschen gutter bieses orts stehn Vnd was E. f. g. vorwandten bey ben vom Stralsund außgerichtet, Was sie auch vom Rat vnd Burgermeister Lorbern fur beschehb erlanget ꝛc., Das whrt Hinrich Matthei E. f. g. wol munblich berichten, Auch werden E. f. g. auß Jrem Schreyben, welchs an mein mitwissen an E. f. g. gefertiget, zur notturfft wol vormercken, wie geneigt sie sein, E. f. g. In Jrem Christlichen Furhaben zur befuderung Gots Ere vnd der Vniuersität zu Rostock aufnemen, gebey vnd vorbesserung zu wilfharn, Vnd ob ich wol Jr Schreyben nicht gelehen, So hab ich doch ab ben bericht des Schreybers, der bie brieue gestellet, wol so viel vornomen, Das es sich auf e. f. g. gnebiges ansinnen vnd begern nicht fast wol reymt, Ja bas sie dem heylohen Munch bie guter viel lieber gunten, ban bas sie burch e. f. g. vororbnung In bessern vnd gotseligern brauch solten vorwendet vnd angelegt werben. Ich weis auch für wahr, bas sie bie binge auß keyner anbern vrsach gern differieren wolten, ban bas sie hoffen, Es sollen bie Munche vielleicht Im kurtzen auß dem Chamergericht ober anbers wo hero getrostet vnd E. f. g. an Jrem Furnemen vorhindert werben, Dan ich hab seltzam bing von etzlichen Rathschlegen, So bie gesanten der Stat Jungsten zu Lubeck von e. f. g. Furhaben Auff ber von Rostock vnd Wißmer angeben gehalten, Vnd wie schhmpflich sie von etzlichem thun gerebet, erfharn. Wie aber nu bem allem, So zweyfel ich gar nicht,

E. f. g. werden sich hyrinn der gepur, damit sie Jren whllen nicht behalten, gegen Jnen wol ferner zu erzeigen wissen, Vnd was ich dazu thun vnd helffen kan, Das sol an meiner geringigkeit nit erwindenn.

Was aber sonst meine person belangt von wegen bewuster vnterredung, die e. f. g. Dinstuorpflichtung halben mht mhr gegenwertiglich gehabt, wolt ich mich dem verlaß nach gegen E. f. g. der vnberhaltung vnd anders wegen neben diesem allenthalben gern ercleret haben, Aber es mangelt an deme, Das ich noch vngewiß bin, was fur eine Condition oder beshelich bey E. f. g. Ich haben sol. Dan ob ich wol nach lengs mht e. f. g. von dinstuorpflichtung gehandelt, So hab ich doch vorgessen, nach der Condition zu fragen. Derhalben werden sich E. f. g., da die anders noch eigentlich gemeint sein, mich zu einem biener aufzunemen, gegen mhr der Condition halben gnediglich entzwedder durch Hinrichen oder sonst schriftlich zu ercleren vnbeschwert sein. Alsdan whl ich mich one fernern verzug gegen e. f. g. aller meiner notturfft vntertheniglich vornemen lassen. Welchs E. f. g. Ich fur dyß mahl bienstlicher, trewer vnd gutter wolmeinung hab anzeigen wollen, Der vnterwerfflicher, trostlicher Zuuorsicht, E. f. g. werden mhrs gnediglich zu gut halten vnd furstlich bey sich zu uerhelen wissen. Das erkenn Ich mich schuldig vmb e. f. g. vngespart leybs vnd guts geflissen zu uordienen, E. f. g. hiemit dem Almechtigen treulich beshelend. Datum Stralsund, Im anfang des LIII. Jars.

E. F. G.

Gantz whlliger vnuordrossener Diener

Nicolaus Gentzkow D.

Dem Durchlauchten, Hochgepornen Fursten vnd herrn herrn Johans Albrechten, Herzogen zu Mechlnburg, Fursten zu wenden, Graffen zu Schwerin, Rostock vnd Stargard der Lande hern, Meinem gnedigen fursten,

vnterdienstlich.

Nach dem eigenhändigen Originale, im großherzogl. mekklenburg. Geh. u. H. Archive zu Schwerin. Das Siegel fehlt.

Nr. 37.

Marquard Behr, Prior des Klosters Marienehe, protestirt vor Notar und Zeugen gegen die ferneren Gewaltthätigkeiten gegen das Kloster.

D. d. Rostock. 1553. Januar 13.

In dem namen des Heren Amen. Inth iaer na gabes geboertt busent vyffhundertt vnnd dree vnnd veftich, inn der elfften indiction, die man nometh denn Rhomer talle, Fridages bebe was die brutteynde dach maentes Januarÿ, Regerunge des Allerdurchluchtigestenn, grothmechtigestenn vnnd vnanerwinthlichstenn furstenn vnnd Herrn Caroli des vefften Romeschenn Keisers, alle thyt merer des Riches ꝛc., inn sime dree vnnde bruttigestenn iare, inn miner hyr vnnderschreuenn Notarii vnnd tugen dar tho geheyschett vnnd geropenn iegenwerdicheitt, iß erschenenn die Werdige vnd Anbechtige Her Marquardus Bere Prior der Carthus tho Marienehe, inn syns vnnd der Anderen syner methbrobere bemeltenn Carthuß namen, vnnd hefft vth hoges beschwerden gemutes gar clegelich mith vthgethnge der tranenn vorgebragenn: Dath he neuen Alle sinen mithbroberen Ahne iennyge vorschuldebe vnnd vorwrachte orsache, inn gubem, veligem vnnd secferlichenn geleyde Keyserlicher Maiestatt vnnd vpgerichten Landtfrebe, neuen gulbenn bullenn vnnd besslutlichem Auescheibe des Iungestenn negestenn gehaltenn Rickdages tho Spyr de Anno veer vnnd vertich rann Romescher Keyserlicher Maiestatt vnnd gantzem Romeschenn Ryche offenntlichenn by grotenn schwerenn angehefftenn penen bewilliget, were inu vergangener tybt von dem Durchleuchtigenn Hochgebarenn furstenn vnnbe Heren Heren Johanns Albrechtenn Hertogenn tho Meckelennborch ꝛc., iß regereunden Hern, weltlick vth syme Closter ebber Carthus Marienehe, belegenn vor Rostock, Swertynsschen Styffts, neuen alle synenn broberenn, barvnnder olbe, krancke menrhe, erbarmelich enntsettet, priuert vnnd spoliert vnnd also mit berouinge alle syner gubere ehnen houettman vnnd gubernatorenn des Closters darinn gesettet, vnnd die gewallt barhnne genamen, die bemeltenn brobere barvth gheiagett, die ock na der stabt Rostock tho vothe habben ghaen mothenn, vnnb alle bat ere vorlaten, ere klebere vnnd bebbegewanbt uhageworpenn, vnnb also mith gewalt, mit anleggunge vele honns vnnb smaheibes, wath se erbenndenn konnben, enntsettet vnnd voriagett weren, welchere

nhu erbarmelich inn beine gantzenn elennbe erholbenn wurbenn, Habbe benne ahm iungestenn bes veffteinben vnnb sostein=
ben bages Decembris negest vorgangen twe vnnbe
vefftigestenn iars bomelten shne furstlichenn gnabenn
alhie tho Rostock im bywesennbe offentliche Notarii vnb Tu=
gen neuen syner statlichenn fruntschop, alle erbare lube
imme lannbe tho Meckelnborch, mit gebachtem Romischenn Key=
serlichenn Maiestatt gegeuenn Priuilegio salui Conductus, neuen
alle syner frigheitt vnnb gerechticheit besoken latenn, vnnb
besuluenn siner forstlichenn gnabenn sampt sime Cantzler vnnb
Consiliario inn namen furstlichenn gnabenn solemniter inti=
meren, insinueren vnnb mit anhefftenber pene offenntlich
ermanen vnb requireren latenn, bersuluenn alle auscuterbe
copien verreichett vnnb also bar vann wisse vnnb kunth ge=
machett, mitt groeter anhefftenber vnnberbeniger bibbe vnnb
supplication, syne furstliche gnabe mochte ene vnnb bie sinen
webber restitueren, tho beme eren kamenn latenn, mitt
erbebunge alles rechtenn, hogeß vnnb nebberges stannbeß, bie
rechtt geuenn, nemen vnnb erkennen konben, vnnb besunber=
lichenn Keyserlicher Maiestatt vpgerichteben Camergerichte, alle
wege vp erforberunge syner furstlickenn gnabenn ebber ibermen=
nichliches, alse gehorsam vnberbaen veruolch tho boenbe vnnbe
erschynennbe. Denne noch sobant were alle vorgeuelich
ghewesenn vnnbe habbe gar keine frucht vorttgebrachtt, Dar=
tho hochlofliche Keyserliche Maiestatt Manbatt ebber priuile=
gium effte vpgerichteben Lannbtfrebe inn beme hilligenn Rome=
sschenn Riche gar nichtes geacht, habbe nicht alleine batt be=
melte Closter innemen latenn, sunber ock neuwlich inn ere
thobehorennbe borper vnnb guber mit gewaltt sick
henninngesettet, bie hulbinge vann benn vnberba=
nenn begert, ock genamenn vnnb schweren latenn, vnnb bie
bebagebenn thynse vnnb pechte vpgehauenn vnnb wechgenamenn,
vnnb also sie nicht allehne bes Closters, sunber ock thobehorenn=
benn guberenn, pechtenn vnb thynsenn spoliert vnnb priuert,
Darto offentlich inn erenn furstlichenn gnabenn lannbe vnnb
vagebien gebabenn, bennsuluenn priorenn neuen benn
sinen, wor me ehne erlanngebe, venncklich anntone=
mennbe, wechtoforeunbe vnnb in be venckeniße tho warpennbe,
Datt he gabe Allmechtig, Hochloflicher Keyserlicher Maiestatt,
syner Romesschenn gnabenn verorbentenn Fiscali vnnb vpge=
richtebenn Keyserlichem Camergerichte neuen bem gantzen Ro=
messchenn Ryche, bie rechtt erkennenn vnnb geuenn konnenn,
wolbe bemobichlickenn vnnbe innstenbich geclagett hebben. Vnnb
hefft vann sobaener offenntlichenn mothwilligenn violentien Vnnb

injurien in aller chrafft vnnd machtt des rechtenn solenniter protesteret vnnd bedingett thom ersten, thom annberenn vnnd thom drubbenn male inn aller bestenn wyse, mathe vnd forme, wo he to rechte bestchrefftigest doenn scholde vnnd mochte, sine iniurien, smeheitt, violencien vnnde thogefogedenn schadenn ad animam renocert vnnd wolde besuluenn bauenn die veer dusennt guldenn nicht gelebenn hebben, die he ock to rechter tydt na forderunge beß rechtenn wolde vnnd gedachte tho prosequerende vnnd voruolgennde, Sick darmith vnderwarpennde allem rechte vnnd gerechticheybenn, gehstlich vnnd wertlich, vnnd besunderlich hochlofflicher Romescher Keyserlicher Maiestatt Camergerichtte vnnd beß Romeschenn Rickes beschuttes vnnd beschermunge 2c., mit vorbeholde aller frigheitt vnnd priuilegien, darvon he beide offenntlich protestern. Hyrvp hefft belegedachter Marquarbus Bere Prior der Carthus tho Marienehe vor sick vnnd inn namenn aller siner brober dann my hyr vnnderschrevenn apenbarenn Notario ehnn ebber mher bowis, so vele ene nobich vnnd behoeff, tho makennde vnnd genennde instennblich erfordertt vnd begertt, dath ene ampts haluen nicht hebbe wusth to wehgerennde. Geschehen to Rostock inn bemelten hernn Prioris behusinge, belegenn in der brebenn stratenn, darsuluest in siner dornute, tho negenn schlegenn ebber barby, im iaer, indiction, dage, maente vnd regerunge, wo bauen berurtt, inn bywesennde der Ersamenn vnnd Vorsichtigenn tugenn Nicolai Smedes vnnd Hans Reinckenn, Burgerenn vnnd inwaneren to Rostock, clericis vnnd leyen Hauelbergschenn vnnd Ratzeburgschenn Stiffts, tuge hirto geheyschett vnd geropenn 2c.

  Vnnde ick, Erasmus Bobbeker, Clerick der Stabt vnnde Styfftes Branndenburg, vth Keyserlicke waltt apennbare schriuer vnnbe Notarius disser vorgesechtenn protestation, bedingunnge, reuocation vnnd estimation iniuriarum et violenciae ad animum bynn ann vnnd auer ghewesenn, be so gesehnn vnnd angehoert, vnnd in mine notham genamen, Daruth dit iegenwerdige apenbare innstrumente geschreuenn durch ehnenn anberenn getrudenn, bewile ick ehafftiger sache behafft, hebbe gemackett vnnd conficiert, bartho mitt minem gewonntlicken Notariattekenn, Nhamenn vnnde thonamenn beuestett, So merer orkunde ber warheitt hirtho geeschett, gebedenn vnnbe geropenn.

<small>Nach einer Abschrift aus der Mitte des XVI. Jahrhunderts, im Archive der Stabt Rostock.</small>

Nr. 38.

Beabsichtigter Vertrag zwischen dem Herzoge Johann Albrecht von Meklenburg und dem Burgemeister Christoph Lorber zu Stralsund über die Verwaltung der pommerschen Güter des Karthäuserklosters Marienehe.

D. d. Güstrow. 1553. Januar 17.

Von Gots gnaden Wir Johans Albrecht, herzogk zu Meckelnburgk, Furste zu Wenden, Graue zu Schwerin, Rostock vnd Stargart der Lande herre, Bekennen hiemit offentlich, Nachdem Wir ein zeitlang mit dem Erbarn vnserm lieben Besondern Christoffer Lorbern, Burgermeistern zum Stralsund, der MarienEeschen guter halben, Im Furstenthums Rugen belegen, die er etzliche Jar lang von dem Prior zu MarienEe Im beuehl vnd verwaltung gehabt, wegenn des das er Vns als dem Regierenden Landesfurstenn dieselben guter abzutretten vnd auch die Jerlichen gefehl der Zins vnd Pechte folgen zu lassen geweigert, In Irrung gestanden, Das wir vns mit Ihme vnd er widerumb mit vns eingelassen vnd vereiniget, Folgender gestalt vnd also, das er sich bewilliget, vns hinfuro alle Jar auff Weynachten zu uorreichenn vnd folgen zu lassen alles, was der Prior berurter vnser Carthaus zu MarienEe von Ihme entpfangenn, laut vnd Inhalt der Register, daraus er alweg seine rechenschafft gethan, die er Vns auch zustellen sol vnnd wil. Vnd weil er dan die Verwaltung lange Jar gehat vnd wir doch ein Collectorem des orts haben mussen, So wollen Wir nit allein Ihme, Sondern auch seynen beiden Sohnen Oloff vnd Zabell Lorbern die Administration vnd verwaltung obberurter guter die zeit Jres lebens lassen, Welches wir Jnen auch hiemit vnd In Crafft dieses vnsers brieues verschreiben vnd zusagen, Jedoch das sie die Paurn zu gleich, Recht vnd aller billickeit, so viel Ihnen mugelich, laut Jres Reuersals schutzen vnd handthaben, Auch wider die Pillickeit mit vngewonlichen diensthen vnd beschatzungen selbst nicht beschweren. Wo sie aber In kunfftigen Zeitten von den Munchen oder andern leutenn darumb angefochten worden, wie Wir Vns doch nicht versehen, So wollen Wir sie zu Jeder Zeit In oder außerhalb Rechten vertretten, noth vnnd schadlos halten. Wurden wir auch willens, etwas von obberurten Vnsers Closters gutern zu uerkeuffen oder zu uerpfandenn, So sollen Christoffer Lorber vnd seyne beyden Sohne in alweg zum kauff vnd verpfanden die nechsten sein. Begeb es sich aber, das wir die guter durch Zwang des Rechten vorlassen musten, So sol sich dieser Contract wider auffthuen Vnd vnser Eins dem andern ferner brin nicht verhafftet sein, noch bleiben, Außgenomen das wir gleichwol die Lorbern, bo sie In kunfftigen Zeiten deshalben, das sie sich mit vns eingelassen, In ober außerhalb Rechtens angefuchten wurden, so fern sie Vns das zeitlich wissen lassen, vertretten Vnd schablos halten sollen vnd wollen. Alles getrewlich vnd ohne geuehrdt. Zu Vrkunt vnd mehrer sicherheit haben wir Vnser Pitzschier vff diesen brieff wissentlich gedruckt, Der gegeben ist zu Gustrow, am tage Anthonii, Nach Christi vnsers seligmachers geburt funffzehenhundert vnd Im drei vnd funfftzigsten Jare.

(L. S.)

J. A. H. z. M.

Manu propria sst.

Nach dem unterschriebenen und besiegelten Originale, von der Hand des herzogl. meklenburg. Secretairs M. Simon Leupold, im großherzogl. meklenburg. Geh. u. H. Archive zu Schwerin. Diese Uebertragung vom 17. Januar 1553, welche der Secretair S. Leupold übergeben sollte, ist, da nach den Briefschaften vom 1. Mai 1554 S. Leupold mehrere Male dieser Angelegenheit wegen in Stralsund war, wahrscheinlich nicht ausgehändigt, da Christoph Lorber sich noch am 10. April 1553 weigerte, in dieser Sache hülfreiche Hand zu leisten.

Nr. 39.

Gottschalk Hoppenstange, Rathmann der Stadt Rostock, protestirt für sich, seine Verwandten und Erben gegen die Einziehung der von seinen Verwandten den Baggel auf rostocker Grund und Boden gestifteten Karthause Marienehe und tritt dieselbe dem Rath der Stadt Rostock ab, um den Rechtsweg gegen den Herzog zu verfolgen.

D. d. Rostock. 1553. März 17.

In deme namen des heren, Amen. Na der bort disfulnigen busent vifhundert vnde dre vnde veftich, in der elfften indiction, ben men nometh ben romertall, fribages, bebe was be sonenteinbe bach des mantes Martii, regeringe des aller-

dorchluchtigesten, grotmechtigesten vnd vnaferwintlikesten forsten vnde heren heren Karoli des vefften romischen kehsers, alle tibh merer des riches 2c., in syneme dre vnde bruttigesten iare, in miner hier vnbergeschreuen apenbaren notarii vnde tugen barto sunberichen gheeschet vnde geropen iegentwarbicheit, is personlich erschenen be erßame vnde vorsichtige her Gottschalck Hop=
penstange, rathman vnde kemrer ber stabt Rostock,
Szwerinsches stifftes, alse principalis, in biwesenbe syner nege=
sten fruntschopp vnde naturlichen eruen, alse Hanse Hampen, syner suster sone, vnde Hinricken Brandes, synes seligen bro=
bers Winholt Hoppenstangen lifflichen bochter man, vnde hefft vorgebragen, bath in vorschener tibt bauen minschen ben=
cken were be carthus Marieneße mith aller ehrer gerechti=
cheit borch syne frunde, be Baggelen genometh, mith forstlichen gnaben van Megklenborch to ber tith regerende heren offentlichen vorsegelben willebreffen, to gotlicher erße vppe bie grunth vnde bobben ber benanten stabt van Rostock erigtet vnde funbiret, barto van beme erwerbigen in gott vaber vnde heren heren bischoppe tho be tith to ewiger holbinge confirmeret vnde bovestet worben, luth segell vnde breffe, wel=
fere ock bethertho stebig borch be carthusere gerowlich, vnper=
turberet ebber vorsturet were boseten worben, Dennoch sobant vngeachtet, ane iennige vorgehatte orsake, habbe be borchluchtige, hochgeborne furste vnde here here Johans Albrechte, her=
toge tho Mecklenborgh, furste to Wenden, graffe to Szwe=
rin 2c, be gebachte carthuse, ehre leen vnde ius patronatus nu newlich angefallen vnde ingenamen, ben hern prior vnde gestliche personen barinne erholben mit alle erer varenbe haue gantz erbarmelich barvth entsettet vnde spoliert, nicht angesehen ehre f. g. offentlichen willebrieffe vnde vorlatinge, imme falle so ehre f. g. in be grunt vnde bobbem Marieneße ethwas habben, miner fruntschopp vnde ber stabt van Rostock nichtes barinne to beholbenbe, guetlich ceberet, affgetreben vnde nage=
genen luth forstlichen gnaben segill vnde breffe. Dewile benne he vnde gebachte syne fruntschopp bes stanbes, condition vnde vormogens nicht weren, inbeme he ehn olber bebageber man, nugebachten forsten barvth webber to enthsettenbe ebber ehre vpgerichtebe lehen vnde ius patronatus, wo to rechte schulbig, im rechte besenberen, tueren vnb beschermen mochten ebber kun=
ben, so wolbe he in namen bemeltßer siner fruntschopp vnbe eruen, so hirinne interesse mit habben, hirby wesenbe vnbe hir=
inne bowilligenbe, in vnbe mit alle ber besten wise, mathe vnbe forme, wo he best von scholbe vnbe mochte, syne leenware vnbe ius patronatus, erectionis et sundationis gebachter car=

8

thuß Marienehe deme erbaren rade vnde der stadt van Rostock
sponte et libere ehre beschuttinge vnde bescherminge offentlich
cederet vnd auergegeuen hebben, wie he od deme erbaren vnde
wolwisen heren Johan van Heruorden, borgermeisteren
der stadt Rostock, hir by wesende vnde annhemende, in nhamen
bemelten gantzen rads iegenwardich, cederede, resignerede, aff=
trede vnde afergeue, nichtes darinne to beholdende, mith
offentlicher bede vnde protestation, gedachte erbar rath vnde
die gantze stadt van Rostock mochten ehre sodane fryheit vnd
ius patronatus der hochlofflicher keyserlicher maiestadt vnde
camergerichte edder sunst ibermenniglich, wer des van noden,
vorfechten, beschermen, od beschutten vnde hanthauen, darinne
he ehn alle sulmacht vnwedderupplich mit allen notrofflichen
annseten wolradhen hirmith tugestellet vnde gegeuen wille hebben.
Hirvpp hefft de vorgedachte her Johan uan Heruorden bor=
ghermeister, in namen des bemelten erbaren rades vnde der gan=
tzen stadt van Rostock, van my hiruder geschreuen notario bo=
gert vnde gebeden, dat ick deme bemelten rade van Rostock so
vele offentliche instrumenta vnde documenta sodaner cession
vnde auergesinge, so sele nodich vnde behoff, geuen, maken
vnde vorreichen wolde vnde mochte, dat ick ehne amptes haluen
vppe billige beloning nicht hebbe wusth to weigerende, noch to
vorseggende. Gescheen to Rostock, in des raken gedachten her
Gotschalck Hoppenstangen behusinge darsulvest, in syneme sale
offte slapekamere, des morgens to achte slegen edder darby, int
iar, indiction, mante, dage vnde regeringe, wo bauen beroret,
in bywesende der ersamen vnde vorsichtigen Hinrick Blisser=
nichtes vnde Andreß Langen, erßgeseten borgere vnde inwanere
to Rostock, tuge hir to sunderlich gheeschet vnde gebeden.

 Vnde ick Johannes Lintberch, clerick halberstede=
schen stifftes, vthe keyserlicher walt apenbar notarius.
desser vorgeschreuen resignation, cession vnde auerge=
singe aller gerechticheit, der erection vnde fundation,
od der constitution vnde sulmacht to besenderende vnde
prosequerende, od aller vnde ißlichen, wo bauen berort,
byn an vnde afer gewesen, dede also gescheen vnde
angehoret vnde in mine notam ghenamen, darvth dyt
iegenwordige instrument mit myner egen hant geschreuen
vnde gemaket hebbe, darto mith mineme wontlichen
notariatus tiken, ok namen vnde tonamen hirvnder be=
vestet, tho merer orkunth der warheit hir to gehieschet
vnde ghebeden.

<small>Nach dem Original, auf Pergament, im Archive der Stadt Rostock, nach einer Abschrift des Professors Schröter</small>

Nr. 40.

Der Burgemeister Christoph Lorber zu Stralsund verweigert gegen den Herzog Johann Albrecht von Meklenburg die Auslieferung der Pächte von den pommerschen Gütern des Klosters Marienehe.

D. d. Stralsund. 1553. April 10.

Durchleuchtiger, Hochgeborner furste, gnediger herr Mehne gantz willige vnnd gefliessene Dinste sein ewr furstlichen gnaden stets zuuoran bereit. Gnediger furste vnd her. Auf e. f. g. ernstliche schreyben, Alse solte ich ober e. f. g. vorboth Jnn derselben Closters Marienehe guter mich gewelbiget vnd dem Prior zu des Closters pechte burch pfandung muthwilliglich verholffenn Vnd selbst mich zu vorklehnerunge e f. g., Wiewoll ich damit nicht zu thun, darzu genotiget haben, Mit fernerm ernstlichen beuelch, das ich brieffs zcaigern die Jngenhomenen pechte vnuerzcnglich zustellen Vnnd henferner derselbigen vorwaltunge mich gentzlich enthalten Vnd die pfande den pauren wyhrum zun handen schaffen solte x., Kan ich e. f. g. dienstlicher mehnunge nicht vorhaltenn, Das ich mich Jn des Closters Marienehe gueter gar nicht gewelbiget oder eigens furnhemens barein gesetzt, Dan ich derselbigen vast Jn die breyssigk Jare vnd baruber (Nachbem ich, mehne Sweger vnd freunde Jn etzlichen derselbigen gueter, bem Closter von vnfern vorfaren myltiglich Ad pias causas donirt, legirt vnd gegeben, gemeinschafft vnd sunberliche pact, Condicion vnd boscheit haben,) ein administrator vnnd vorwalter auß besunderm ansuchen vnd beuelch des Closters Priors vnd Conuents gewesenn bin, Vnnd biewei‍ll aber, nach Jtzt gelegenen Zceitenn, der Prior selbst personlich vngeferlich vor IIII wochen alhie gewesenn vnd vmb anderen Renthenn vnnd Zinssen, Jnnwendich der stabt dem Closter zustenbig, gefurdert, So hat ehr sur sich selbst des Closters pauren vmb die vorsessene pechte pfanden laßenn, barjegenn mehner persone nicht gebuet, Jme barinne wyherstannbth zu thunde, Das ich aber Als ein vorwalter, wie obgemelt, wyber Jnsinuirte kahserliche vnnb furstliche Geletzt vnd des Priors erinnerunge vnnd vorwarnunge, die Jnghenomene pechte, so der prior off angezceigte Geletzte bereit empfangen, e. f. g. beuelchhabern nebenn anderem begerten bescheit ßo stracks oberantworten sol, Des habe ich auß mercklichen vrsachen Jn bes Rabts, ber Aelterleuthe vnnd veer werden Anthwort An e. f. g. hirbei geschriebenn, nicht ein geringe bebenkens,

8*

Vnnd kunde auß solchem vor vngehandelter, vnerkanter vnd vnliquidirter sachen mich, meynen Swegern vnd freunden vnd vnser allerseyts Erben auß angezcogeuen vrsachen das Jennige entstehenn, Das vns allenthalben vnleybtlich vnd zu ewigem schaden vnd vorderb gereichen vnnd kommen mochte, Vnnd wuewoll ich nicht vngeneiget, e. f. g., wie derselbigenn herrn Vater hochseliger vnd mylter gebechtnuße, Alle mugliche Diennstliche wilfarunge zu leisten, So erfurdert doch meyne fur mich selbst Vnd sunst auch meyner sweger vnnd freunde hohe nottorfft, vnns gleichsfals dem Rabe vnnd gantzen gemeynten bis erklereten vnd liquidirten sachen zu ordentlichen rechten erclerunge vnd erkentnusse vnser vonn gott vororbenten hern vnnd obrigkaiten zu erpietenn, Was wir dann Im rechtenn nicht erhalten oder darzu wir nicht befuget sein mochten, Dar mussen vnnd wollen wir vns woll ahnn genogen lassenn, Dinstlichs fleissens bittendt, E. F. G. wolle diese meyne hohe nottorfftige Antwort nicht anders, Dann In gnaden vormercken, Vnd wie e. f. g. her Vater M. g. h. sein vnd bleybenn. Datum Stralßsundth, Am X^{ten} tage Aprilis, Anno zc. LIII.

E. F. G.

Stets williger
Christoffer Lorber.

Dem durchleuchtigenn, Hochgebornnen Fursten vnnd Herenn Herenn Johann Albrechtenn, Hertzogenn zw Meckelnburgk, Furstenn zw Wendenn, Graffenn zw Swerin, Rostogk vnnd Stargart, Der Lannde hereun, Meynem Gnedigem herenn, dienstlich.

Nach dem eigenhändigen Originale im großherzogl. meklenburg. Geh. u. H. Archive zu Schwerin. Das Siegel fehlt.

Nr. 41.

Der Rath der Stadt Stralsund verweigert gegen den Herzog Johann Albrecht von Meklenburg die Auslieferung der Zinsen von den Capitalien des Klosters Marienehe.

D. d. Stralsund. 1553. April 10.

Durchleuchtiger, hochgeborner furste, Gnediger here. Vnsere gantz willige, vnuerdrossene bienste sein E. f. g. vngespartes

fleisses altzeit zu uorahn boreith. Gnediger furste vnd herr.
Ewer f. g. abermalige schreiben von wegen des Priors der
Carthauß MarienEhe vor Rostock vnd derselbigen haubt=
summen vnd Jerlichen Zcynsen, So die Carthaus bey
vnser Stadt hatt, dieselbigen beide, alß haubtsummen vnd
Renthen, E. F. G. dienern, briefs zeigern, Jrem antzeigen
nach, furderlich zuzustellen, Auch sonst Jhnen zu anderem
desselben Closters einkomen Jn vnd außerhalb der stabt zu
uerhelffen ꝛc., mit angetzeigter verwarnunge, Wue es dermaßen
nicht geschege, Oder E. f. g. boger Jnhalt derselben schreibens
nicht gelebt, Vnd whr vnd die vnseren bennest noch E. f. g.
Lande vnd Furstenthums gebrauchen mussen, Daß E. f. g.
nicht vorursachet, Jn andere wege barkegen zu gedencken vnd
die zufure vnd Narunge vns vnd den vnseren vorhinderen zu
lassen ꝛc., Haben whr, neben muntlicher werbunge vnd bericht
e. f. g. gesanten, entpfangen, Vnd was E. f. g. ahn die
Alterleute vnd Vier wercke gelangen lassen, angehortt, vorlesen
vnd mit weytter außerunge E. f. g. bogerenns genugsamlich
vermerckett, Vnd konen e. f. g. darauf mit gutem bestande vnd
vnser hohen nottroft nach nicht vorhalten, Vnd vorerst, so uill
den gedachten Prior belangett, whr nicht wissen, daß ehr
Jn vier wochen, wenigk barunder oder ober, alhie bynnen
vnser stabt gewesen, Whr haben auch Jnn vnnser Jegen=
wart nit gehortt, Daß ehr E. f. g. mit eherenrurigen oder
verletzlichen worttern angegriffen solt haben, Eß Jst aber nit
ahne, bas der Prior, alß ehr vor oder Jnn angetzeigter Zeit
alhie ankommen, vns Romischer kayserlicher Mait.,
Auch des burchleuchtigen, hochgebornen fursten vnd heren
hern Philippen, Hertzogen zu Stettin, Pommern ꝛc.,
vnserer allergnebigesten vnd gnebigen heren, hochuerpennte
Gleybe vnd Securitetbreue cum solenni protestatione
insinuiren lassen vnd des klosters einkomen Mitt er=
innerunge vnser beim kloster gegeben Siegell vnnd briefe gefur=
bert, Mit dem beschließlichen anhange, Wo Jme baß gewei=
gertt vnd vorenthalten, Ober anderswor voreussert, baß ehr
basselbige bey vns wissen vnd vns vor schaden, Interesse, Auch
Comminirten erclerten peenen vnd straff Jn den Gleyten vnnd
mer Orthen vorleibet, vorwarnet haben wollte ꝛc. Nun
haben aber E. F. G. Ohne baß auch auß hohem verstande
gnebiglich zu ermessen, wie es vnns wolte anstehen, Ober wie
whr baß vor vnnser Obrigkeit, vnser gemeyne vnd sonst Menig=
lich Rechtuorstenbigen vorantworten kunten ober mochten, Das
whr wider vnsere Aybe vnd pflichte, Damit whr ber
obrigkeit vnd der stadt verbunden, Auch gemeine Recht vnd

Naturliche billigkeit, so vnbedencklich vnd vergeffen vnfer vnd der vnfer vorfarn ausgegeben Siegell vnnd brieffe, Die von E. f. g. des Closters gefurderte Haubtfummen, Zehnfen vnd Renthen, Ohne Widerlegunge vnd Vicifsitudinarien vberantwortunge vnfer ftadt Siegell vnnd briefe, Jmandes zuftellen, Vnd auch daruber, entkegen Romifcher kehferlicher Maieftet vnd des heiligen Romifchen Reichs gepublicirenden Landtfriden, Ordnungen, Mandaten vnd abfchieben ꝛc. Daß berurte Clofter Jrer allerlengeft vorjerten Poffeffion vnd praefcription vnerlants rechtens, Auch fonft des hehligen Reichs desfals wehtter Ordnung, declaration vnd Refolution entfetzen vnd folliche hohefachen vnd ftraffen auff vns laden folten, Hiruber vnd ohne daß Inhalt folcher Siegel vnd briefe, auch vermuge der kehferlichen Rechte whr, vnd nicht das Clofter, die auffkundunge der haubtfummen vnd Renten vnns furbehaltenn habenn vnd vnns von Rechts wegen furbehalten fehnn, So haben whr vnnd die vnferen Noch femptlich vnd fonderlich, eben auf diefen kegenwertigen fhall, ohne daß mit dem gedachten Clofter, Nach laut der Siegell vnd briefe daruber aufgerichtet, allerleh Conditiones, vorfprechung, vorehnigunge, vortrege, Patronfchaft vnd einrhede, Auch gemehnfchaft der guter, von vnferen vnd der vnfern vorfarn zum Clofter mildiglich gegeben, Die whr ober die vnferen von Rechts, billigkeit vnd vnferem vnd der vnferen anliggen nach Alfo ftracks, Ohne Jrkeinen bofcheidt des Rechtens vnd der haubtbriefe erclerunge vnd darlegen, mit nichten nachgeben khonen oder mugen, Wir handelten auch vuferem obliegenden Ampte vnd vor vns vnd vnfere Nachkomen nicht Recht oder aufrichtigk, das whr, Ohne vorgehende Rechtmeffige erkantnuß vnd erclerunge, Auch widerliberunge vnfer obligation briefe, vns zu fo großen wichtigen fachen, folten einlaffenn vnd darin beftecken pleiben. Es Jft vns auch ein meres barahn gelegen, dan whr E. f. g. Jn einer kurtzen Summa hirinne khonen antzeigenn, Denneft noch damit E. f. g. fpuren vnd befinden mugen, daß diefe vnfe antzaigunge vnfere vnd der vnferen hogfte Nottroft erfurdert, So wollen whr vns hiemitt, Nu alsdan vnd alsdan wie nu, des allen zu orbentlichen Rechten vnd Obgemelten kahferlichen vnd beß heiligen Romifchen Reichs lantfrieben, Conftitution, Orbenungen, Mandat vnd abfchieben, darzu whr vns referieren, vnterthenigft vnterworffen vnd cum protestatione et Prouocatione ad Jus, Justiciam et aequitatem, necnon Ordinarios Judices nostros, vns in diefen vnd allen anberen fachen bartzu erbotten haben, Der vngetzweifelten zuuerficht, E. f. g. werben alß ein Chriftlicher vnd mit allen furftlichen angebornen vnd begabten tugenden hochberumpter Furst, In betrachtunge vnsers hohen anligendes, Zum thaill vorgemelt, ober geschehene vnser Recht erbieten vns ober die vnseren nicht beswerenn, Noch Ichts widerlichs, E. f. g. schreiben nach, kegen vns ober die vnsern vorhengen lassenn, Dan kegen E. f. g., gleichsam derselben hochloblichen vorfaren sampt mitt allem fleis vns zu erzeigenn, Erbieten whr vnus zu Jeder Zeitt boreidt vnnd willigk zu sein. Datum vnter vn=serem stabt Secret, ahm zehenden tage des Monatz Aprilis, Anno ꝛc. Im LIII^{ten}.

E. F. G.

Stetz willige Burgermeistere vnd Ratmanne der stabt Stralsundt, mit In Namen der alterleute vnd vier werke barselbst.

Dem durchleuchtigen, hochgebornen Fursten vnd heren, heren Johanß Albrechten, Hertzogen zu Meckelnburgk, Fursten zu wendenn, Grauen zu Schweryn, Rostock vnd Stargarth der lande hern, Vnserm gnedigen hern.

Nach dem Originale im großherzogl. meklenburg. Geh. u. H. Archive zu Schwerin.

Nr. 42.

Marquard Behr Prior und Convent der Karthause Marienehe bestellen den Reichs=Kammergerichts=Procurator und Advocaten Lic. Philipp Seiblin zum Anwalt in dem Processe gegen den Herzog Johann Albrecht von Meklenburg wegen Heraus=gabe der Karthause Marienehe beim Reichs=Kammer=gericht zu Speier.

D. d. 1553. Junii 1.

Wir Marquardt Bheer prior vnnd Conuent des Carthuser Closters bei Rostock Legis Mariae genant Bekennen offentlich hiemit disem brieff, als wir den hochgelerten Phi=lipp Sehblin der Rechten Licentiaten vnnd keyserlichen Camergerichts Procuratorn vnnd Aduocaten zu vnnsernn gemeinen anwalbt vnd procurator des keyserlichen Camergerichts, vnns daselbst aller vnnd ieglicher gegen=wertiger, auch kunfftiger gerichtlicher sachen gewertig vnd ver=

pflicht zu sein, augenomen vnd bestelt, Das wir demnach ime vnnsern gentzlichen, auch volkhomen gewalt vnd macht gegeben vnd beuolhen haben, vbergeben vnd zustellen ime auch den hiemit wissentlich in crafft diß brieffs in der allerbesten form vnnd maß, so wir von recht vnd nach ordnung, auch gewonheit des keyserlichen Cammergerichts thun könbten, solten oder möchten, vnns in allen vnnd ieglichen sachen, so wir ietzt gegenwertig oder kunfftiglich als Cleger oder antwurter haben oder vberkomen möchten, Ann bemeltem keyserlichen Cammergericht vnns zu vertretten vnd zu uolfurn, Clage, Antwurt, gegenclage, ein= vnd gegenrede munblich oder schrifftlich zu thun, vnnd desgleichen wider vnns zu geschehen, hören, den krieg durch Ja oder Neün zu beuestigen, einen ieglichen zimlichen vnnd geburlichen vnnd in recht ertheilten eibt, vnd nemlich den eibt für geuerbe, genannt juramentum Calumniae, inn vnnser sele zu schweren, position vnb articul bey ietztgemeltem oder sonder eibt zu ubergeben, darauff zu antwurten begern, Vff vnnser widersachern position vnd articul mit vernichtigung derselbenn zu handlen, vnnd wo noth darzu, wie sich geburt, bey gleichem eibt zu antwurten, alle vnd iegliche notturftige offhub vnd dilationes zu erlangen, kundtschafft, instrumenta, brieff, register vnnd annder geschlecht der beweisung einzulegen, alß vnnser widertheil fürpringen mit kundtschafften vnd in ander weg zu widerfechten, darwider biß zu beschluß der sachen zu handlenn, die zu beschließen, vor= vnnd endtvrthl zu bitten vnd zu hören, interesse, costen, schäben, offgehapte nutzung, so vnns mit recht zuertheilt werden, gerichtlich einzulegen, die mit vrthl zu messigen begeren, vnnd bei dem eibt inn vnnser seel, was mit recht gemessiget wurbt, zu betheuren, dieselben in vnnserm nhamen zu entpfahen vnnd darumb zu quittiren, zu uolstreckung aller vnd ieglicher gesprochner vrthln zu hannblen, off die executoriales vnd peen shell darinn verleibt, darzu off die acht vnnd ander peen das rechtens wider vnnsere gegentheiln, wo die einichenn gebothen oder vrtheiln vngehorsams erscheinen, zu procedieren, einen oder mehr affteranwelbt ann sein stat zu setzen vnnd zu substituiren, auch benn gewalt, so offt ime geliebt vnb inen noth bebunckt, wiberumb an sich zu nehmen vnd von newen zu hanblen, Darzu sonst gemeinlich alles anders von vnnsertwegen vnb in vnnserm nhamen fürzunehmen, barzulegen, zu hanblenn, zu thun vnb zu lassenn, das wir selbst hanblen, furwenden, thun vnb lassen solten, könbten oder möchten, als ob wir ieberzeit des rechtens selbst personlich zugegen weren, vnnd was obgemelter vnnser gemeiner anwalbt, auch annber seine substituirte vnnb affteranwälbt in solchen vnnsern gegenwertigen vnnd kunfftigen sachen eins wegs handlen, thun vnnd lassenn, das ist vnnd soll sein alles vnnser guther will vnnd geheiß. Geloben auch beß alles bey vnnsern guthen eren vnnd trewen stet, vest vnnd vnnuerbrochenlich zu halten, auch den gedachten vnnsern gesetzten anwalbt vnnd seine substituirte affteranwelbe aller sachen halben, wie recht ist, schablos zu entheben, vnnd von allen cautionen vnd burden des rechtens zu entheben, alles getreulich vnd vngeuerlich. Des zu warer vrkhundt haben wir vnnsern eigen insigel hier an disen brieff getrucket, der geben ist den ersten tag des monats Junii, nach Christi vnnsers liben herren geburt Thausent funffhundert funffzig vnd drei Jare.

Mandatum procuratorium generale
Der Anbechtigen Priors vnd Connents der Carthusa
bei Rostock, Clägern,
contra
Den Hochgebornen herrn Johan Albrechten Hertzogen
zu Mechelburg rc., beclagten.
Prod. Spirae. 18. Decembris. Anno 1553.

Nach dem Originale, auf Papier, unter den ehemal. Reichs-Kammer-Gerichts-Acten, jetzt in der Registratur des Ober-Appellations-Gerichts zu Rostock befindlich.
Das aufgedruckte Siegel ist das schon beschriebene große Siegel der Carthause Marienehe.

Nr. 43.

Der Herzog Johann Albrecht von Meklenburg bittet den Herzog von Holstein, ihm die Urkunden des Karthäuserklosters Marienehe, welche der flüchtig gewordene und in der Karthause Arensbök jüngst verstorbene Prior Marquard Behr mit dahin genommen, wieder zu verschaffen.

D. d. Schwerin. 1553. October 16.

Vnser freuntlich dinstt. Hochgebornner furstt, freuntlicher, lieber Oheym vnd Schwager. Wir geben E. L. hiemit freuntlicher meynunge zu erkennen, das wir bedacht, vnsere Carthaus zu MarienEhe vnd derselben zugaegeten gutere zu Christtlichem, mildem brauch vnd furnemlich zu erhaltunge vnser vniuersitet zu Rostock zu wenden, Vnd ban der prior daselbst in verschienen Jhare fluchtig worben,

Siegel vnd brieffe vnd die klehnobia, auch andere des Klo=
sters gutere mitt sich hinweg genhomen vnd sich ein zehttlang
Im kloster Arnßböcke in E. l. lauben enthalten, Alba
ehr dan auch, als wir glaubwirdig berichtet, kurtz verschie=
ner Zeyt versturben sein solle, vnd wan wir dan noch
genehgt sein, dieselben gutere zu berurter vnser vniversitet zu
Rostock anzuwenden vnd derselben entwanten Siegel, brieff vnd
anderer gerechtigkehtt zu bemelter Carthaus gehorig darzu von
nothen haben, So-bitten wir freuntlich E. l. wollen vns zu
freuntlichem gefallen vnd mitt befurberunge dieses vnsers Christ=
lichen werdks E. l. verordenten einen gegen der Arnsböke
schicken vnd alba besehen vnd Inventiren lassen, was an brieff
vnd siegeln, Auch anderer gerechtigkehtt von gemeltem prior
verlassen, vnd gegenwertigem vnserm diener vberantwortten vnd
zustellen lassen, vnd sich hirin ohne beschwerung guttwillig ehr=
zehgen, das seint wir vmb E. l. hinwibber freuntlich zu ver=
dienen gantz willigk. Datum Schwerin, den 16. Octvbris,
Anno LIII. ec.

<small>Nach dem Concept im großherzogl. meklenburg. Geh. u. H. Archive zu
Schwerin.</small>

Nr. 44.

Acten=Protocoll des Reichskammergerichts in Sachen des Karthäuserklosters Marienehe gegen den Herzog Johann Albrecht von Meklenburg.

1553. 18. Decembris.

Seyblin. Weil die Sach nhumher lang angestanden vnd
die armen Ordensleuth verjagt, inen teglichs das Closter
abgebrochen würdt, also periculum in mora, laß er nichts
zw pit, vt in petitione summaria gebethen.
    Kabenn ist angebens nicht gestendig, hee die sach in guett=
licher vnderhanblung, zweiffelt auch nit, sie werde vertragenn
werben, pith die zeitt.
    Seiblin ist kheiner guettlicheit gestendigk.

<small>Nach den Reichs-Kammergerichts-Acten im Ober-Appellations-Gericht
zu Rostock.</small>

Nr. 45.

Der Herzog Johann Albrecht fordert von dem Rath der Stadt Rostock, ein zur Karthause Marienehe gehörendes Haus in der Stadt, an welchem die Stadt ein Wiederkaufsrecht zu haben vorgiebt, dem herzoglichen Leibarzte Dr. Jacob Bording eine Zeit zum Bewohnen einzuräumen, unter Vorbehalt aller Rechte.

D. d. Doberan. 1554. März 10.

Von gots gnnaden Johans Albrecht hertzogk zu Meckelnnburgk ꝛc.

Vnsern gunstigen gruß zuuorn. Ersame, liebe getrewenn. Wir habenn vonn vnserm secretarien Andres Hoien, den wir neulicher tage eins hauses halben zu vnserer carthause Marienehe gehorigk an euch geschickt, bericht empfangen, das ihr vnter anderenn angetzogenn, als solte bei euch ein alte vortzeichnus vorhanden sein, darinne meldunge geschee, als wer solch hauß von ewern vorfarn vmb ein genante summa geldes gemeltem Closter widerkeuflicher weise, mit der masse, daß es in ewerm gefallenn stunde, dasselbige zu ewer gelegenheit vmb dieselbige summa zu redimiren, vorkaufft worden ꝛc., Vnd ob er woll derselbigen schrift ein extract an vnß zu bringen begert, so hetten irs ihme doch gar vnbilliger weiß zu geben geweigert. Waß aber ein solche schrift oder vortzeichnus euch, in dero handen sie allein gefunden, rechts zu demselbigen hauß geben oder machen kan, sollichs wollen wir itziger zeit nicht streiten; wir begeren aber, wollet vorigem vnserm ansinnen nach gemeltes hauß dem hochgelartenn vnserm medico vnd lieben getrewen doctor Jacob Bordingen ein zeit lang zu bewonen einreumen. Wurde sich nachmals befinden, das ir daran einige gerechtigkeit hetten, die soll euch damit vnbenomen sein. Ju dem thuet ir neben der pilligkeit vns guts gefallenn in gnaden zu bedencken. Datum Dobberan, den 10. Martii, anno ꝛc. LIIII.

Vnd weß ir dessen zu thun bedacht, vnß bei vnserm secretarien Peter Friederich, den wir itzo zu Rostock ligen haben, antwurt zu schreiben. Datum ut supra.

Denn ersamen, vnsern lieben getrewen burgermaistern vnd rathmannen vnser stadt Rosstock.

<small>Nach dem Original im Archive der Stadt Rostock, nach einer Abschrift des Professors Schröter.</small>

Nr. 46.

Der Herzog Johann Albrecht fordert den Burgemeister Christoph Lorber zu Stralsund zur Ablieferung der Pächte der Karthause Marienehe auf.

D. d. Schwerin. 1554. Mai 1.

Von gots gnaden Johans Albrecht hertzogk zu Meckelnburgk 2c.

Vnsern gunstigen grus zuuor. Erbar, lieber Besonder. Als wir dan kegenwertigen vnsern Secretarien vnd lieben getrewen Magister Simon Lewpolden vorhin zweymal zu euch abgefertiget haben, die betagten pechte vnd borunge, so weilant der Prior vnser Carthus zu MarienEhe, vor Rostock gelegen, im Furstenthumb Rugen vnd beym Stralsunde zu boren gehat, inzufordern, Jhr aber den bescheidt gegeben, das Euch der hochgeborne Furste vnser freundtlicher, lieber Ohem vnd Schwager, her Philips, hertzog zu Stettin-Pommern 2c., den beuehl gethan, solches hinder s. l. vorwissen nicht von euch zu geben, Welches wir an S. L. haben gelangen lassen, So hat s. L. vns die antwort gegeben, das Jhr vns dieselben nicht soltet furhalten. Begeren derhalben gutlich, Jhr wolltet vns die nachstendigen pechte vnser Carthus zugehorig, so viel Jhr der offgehoben vnd noch bey euch habet, sampt ehnem claren Register der auffboringe bey kegenwertigem vnserm Secretarien M. Simon Lewpolden kegen entpfangung vnser quittantz of dismal schicken, Auch helffen vnd furbern, das er vom Rathe alle betagte renthe, auch vnserer Carthus zustendig, off dismal bekomen muge, ferrer vnkosten darburch zu verhuten. Vnd euch hierin gutwillig vnd forberlich erzeigen. Jn dem thuet Jr vns danckuehmens guts gefallens Widerumb, Jn gnaden vnd guten euch zu beschulden. Datum Schwerin, am ersten Maii, Anno 2c. LIIII.

An Christoffer Lorbern, burgermestern Jn Stralsunde.

<small>Nach dem Concepte von des herzoglich-mecklenburgischen Secretairs M. Simon Leupold Hand, im großherzogl. mecklenburg. Geh. u. H. Archive zu Schwerin. Mit diesem Schreiben sind die folgenden 4 Briefschaften von demselben Datum: der Brief an den Rath der Stadt Stralsund, die Quittung für denselben Rath, die Quittung für den Burgemeister Christoph Lorber zu Stralsund und der Brief an den Herzog von Pommern, in dieser Folge zusammen auf Einen Bogen geschrieben.</small>

Nr. 47.

Der Herzog Johann Albrecht fordert den Rath der Stadt Stralsund zur Einsendung der Zinsen von den Capitalien der Karthause Marienehe auf.

D. d. Schwerin. 1554. Mai 1.

Von gots gnaden Johans Albrecht hertzog zu Meckelnburgk ꝛc.

Vnsern gunstigen grus zuuorn. Ersamen, lieben, besondern. Als wir vorhin zweimal gegenwertigen vnsern Secretarien vnd lieben getrewen Magister Simon Lewpolden zu euch abgefertiget, die betagten renthe, so Ihr vnser Carthus zu Marienehe, vor Rostock gelegen, schuldig, von euch Inzufordern, weile wir die In Christlichen milden gebrauch vnser Vniuersitet Rostock gebrauchen wolten, So begern wir nochmals gutlich, Ihr wollet vns dieselben vff Jtzt verschienen Ostern betagten renthe, so viel derselben bey euch nachstenbig, von allen terminen, vff bismal kegen entpfangung vnser quitantz, die er euch darkegen zustellen sol, zuschicken vnd vns lenger darmit nicht vffhalten. In deme thuet Jr vns bancknehmens guts gefallen. Wir wollen euch derwegen fur Jedermenniglich zu rechte vertretten vnd schablos halten, vnd Insonderheit In allem gutlich kegen euch beschulden. Datum Schwerin, am 1. Maii, Anno ꝛc. LIIII.

An Rath zum Stralsunde.

<small>Nach dem Concepte im großherzogl. meklenburg. Geh. u. H. Archive zu Schwerin. Vgl. den Brief an den Burgemeister Christoph Lorber von demselben Datum, Nr. 46.</small>

Nr. 48.

Der Herzog Johann Albrecht stellt für den Burgemeister Christoph Lorber zu Stralsund eine Quittung über die von ihm geforderten Pächte der Karthause Marienehe aus.

D. d. Schwerin. 1554. Mai 1.

Wir von gots gnaden Johanns Albrecht hertzog zu Meckelnburg, furste zu wenden ꝛc. Bekennen hiermit offentlich fur vns vnd vnser erben, das vns der Erbar vnser lieber besonder Christoffer Lorber, burgermeister der Stadt Stralfunbt, auff heuten bato die offgeborten vnb off Martini Jungstvorschienen betagten Pechte, so er als ein vorsteher vnb Monitor von vnser Carthus wegen zu MarienEhe, vor Rostock gelegen, In furstenthumb Rugen vnb vmb Stralsunde offgeboret, entrichtet vnb vergnuget hat, Sagen vnb Zelen Ihne derwegen fur vns vnb vnser erben berurter entrichteten vnb betagten pechte queitt, lebig vnb loß, Wollen Ihne auch derwegen zu rechte fur Jedermenniglich vertretten, schabloß vnb nothloß halten, Getrewlich vnb vngeuerlich, In Crafft vnb macht dieses vnsers brieues vnb quitantz, die zu vrkunth ꝛc.

<small>Nach dem Concept im großherzogl. meklenburg. Geh. u. H. Archive zu Schwerin. Vgl. den Brief an den Burgemeister Christoph Lorber vom 1. Mai 1554, wornach die vorstehende Quittung dasselbe Datum hat.</small>

Nr. 49.

Der Herzog Johann Albrecht stellt für den Rath der Stralsund eine Quittung über die von ihm geforderten Zinsen der Karthause Marienehe aus.

D. d. Schwerin. 1554. Mai 1.

Von gots gnaben Wir Johans Albrecht hertzog zu Meckelnburgk ꝛc. Bekennen hiermit offentlich fur vns vnb vnser erben, das vns die Ersamen, vnsere liebe Besondern Burgermeister vnb Rathmanne der Stadt Stralsund auff heuten Dato die nahstenbigen Renthe von allen termynen, so sie Vns wegen vnser Cartus zu MarienEhe, vor Rostock gelegen, von hauptsummen Inhalts brieff vnb siegel off nechst verschienen Ostern betagt gewesen, entrichtet vnb vergnuget haben, Sagen vnb Zelen derwegen sie fur vns vnb vnser erben berurter entrichteten Renthe queitt, lebig vnb loß, wollen sie auch derwegen zu rechte fur Jedermenniglich vertretten vnb nothlos halten, getrewlich vngeuerlich, In Crafft vnb macht dieses vnsers brieues vnb quitantz, Zu vrkunth mit vnserm offgedruckten pitzschier versiegelt vnb eigener handt vnderschrieben. Datum zw Schwerin, am ersten tag Maii, Nach Christi vnsers seligmachers geburt funfftzehen hundert vnb vier vnb funfftzigsten Jare.

<small>Nach dem Concept im großherzogl. meklenburg. Geh. u. H. Archive zu Schwerin. Vgl. den Brief an den Burgemeister Christoph Lorber von demselben Datum.</small>

Nr. 50.

Der Herzog Johann Albrecht von Meklenburg bittet den Herzog von Pommern, den Rath der Stadt Stralsund anzuhalten, die der Karthause Marienehe gebührenden Renten und Pächte an den Herzog von Meklenburg zu zahlen.

D. d. Schwerin. 1554. Mai 1.

Vnser freundtlich dienſth vnd was wir liebes vnd guts vermugen, Jeberzeit zuuorn. Hochgeborner furſte, freuntlicher, lieber Ohem vnd Schwager. E. L. wiſſen ſich freuntlich zu erinnern, welcher geſtalt wir nhu zum britten mahl vnſern Secretarien vnd lieben getrewen Magiſter Simon Lewpoldt an Burgermeiſter vnd Rathmanne E. l. ſtabt Stralſund vnb Chriſtoffer Lorbern darſelbſt abgefertiget, bie betagten renthe vnd pechte, ſo ſie vnſer Cartus zu MarienEhe, vor Roſtock gelegen, ſchulbig vnd offgeboret, von Jhnen zu fordern, vnd weile ſie es vns furenthalten, ber mehnung als hetten ſie bes von E. l. beuehl, nicht von ſich zu geben ohn E. l. ſonderlich vorwiſſen, E. L. auch ſich freuntlich kegen vns erklert, bas ſie vns bie folgen laſſen ſolten, So haben wir gemelten vnſerm Secretarien beuohlen, Wo er off biſmal ſolche renthe vnd pechte von Jhnen nicht bekomen wurde, bieſen brieff an E. L. zu ſchicken, Bitten berhalben freuntlich, E. L. wollen Jhrem vorigen freuntlichen erbieten nach gebachten Rath vnb Burgermeiſter bahin weyſen vnd halten, bas ſie vns off biſmal ſolche betagte vnb offgeborte renthe vnd pechte kegen entpfangung vnſer quitantz, vnb bas wir ſie berwegen, wo vns bes vermelbet, fur vns vnd vnſer erben fur Jebermenniglich zu rechte vertretten vnb ſchablos halten, weile wirs Jn Chriſtlichen milben gebrauch vnſer Vniuerſitet Roſtock wenden, zuſchicken wollen. E. L. wollen ſich hierin freuntlich vnd gutwillig erzeigen, bas ſeindt wir Jn gleichen freuntlich zu nerbienen willig. Datum Schwerin, ben 1. Maii, Anno ꝛc. LIIII.

V. g. g. Johans Albrecht
hertzog zu Meckelnburg.

Nach bem Concept im großherzogl. mellenburg. Geh. u. H. Archive zu Schwerin. Vgl. ben Brief an ben Burgemeiſter Lorber von bemſelben Datum, Nr. 46.

Nr. 51.

Klage des Priors und Convents des Karthäuserklosters Marienehe beim Reichs-Kammergericht gegen den Herzog Johann Albrecht von Meklenburg auf Herausgabe des eingezogenen Klosters und aller Zugehörungen und Nutzungen desselben.

D. d. Speier. 1554. October 17.

Wolgeborner Romischer kayserlicher Maiestatt Cammerrichter, gnediger her. Inn schwebender rechtfertigung sich haltendt zwischen denn Erwurdigen vnnd andechtigen herrn **Prior** vnnd Conuents des Carthuser Cloisters bei Rostock, clegerrnn, eins, gegenn vnnd wider denn hochgebornenn herrn Johann Albrechtenn, hertzog zu Mechelburg 2c., oder ein iede personn fur Jr. F. G. inn recht wie sich gepurtt velmechtig erscheinende, beclagtenn, ander theils, Erscheint anwaldt gedachter herrn clegernn off verscheine zeitt vßprachts, verkhundtt vnnd wiederumb gerichtlich reproducirt Penal-Mandatt de restituendo cum clausula iustificatoria vnnd iungst 4 Junii geuolgte litiscontestation der gepur in der sachenn zu uolfarn, vnnd obergibt seiner herrn principaln hochstenn vnuermeidenliche notturft nachvolgendt clag, vnnd sagtt:

Das wiewol berurte seine principales vnnd deren vorfarn in vnnd vor zehen, zwantzich, drissig, viertzig, funffzich, sechszich vnnd vil mehr iaren, vnnd also weith vber menschen gedechtniß, inn steter, continuirter vnd vnwidertreiblicher, rechtmessiger gewehr vnnd possession vel quasi des Carthusers cloisters Mariene genantt vor Rostock gewesenn, desselbigen zubehorige, vnderthanen, guetter, Renth, gulten vnnd pacht ruwiglich empfangenn, gebraucht vnnd genossen, gantz ohne das innen ie einiger intrag, verhinderung von imants wegen vnnd sunderlich den alten Fursten zu Mechelburg hochloblicher gedechtnus, hochermelter herrn beclagten vureltern, daran bescheen, oder sey hierinn im weinigsten molestirtt oder vertreibenn, noch sich dessem ie im weinigsten angemast weder vnderstanden, sunder vilmehr durch sey bairbey geschutzt, geschirmbt vnnd gehanthaptt worden, Dairbey sei pillich noch heutigs tags also gepleibenn sein solten,

So hatt doch dessem vnbetrachtet hochgedachter beclagter herr Johann Allbrechtt, hertzoch zu Mechelburg vber vnnd wider das im Jair Thausent funffhundertl dreissig gedachter Cleger vonn Romischer kayserlicher Maiestatt inn Schutz vnnd schirm offgenomen vnd inen Ir. Maiestatt Salua guardien allergnedichst mitgetheilt, welch hochermelte fursten auch insinuirt worden, dingstag nach dem Mointag Reminiscere des verscheinen zwei vnd funfftzigisten iairs gantz vnfueglicher weis, wider recht vnnd des heiligenn Romischenn Reichs durch alle stendt bewilligte vnnd publicirte ordnung vnnd satzungen entgegenn, gantz freuentlich, eigenns willens vnd furnemens, on erschuts rechtens ober vorgeende rechtliche erkanbtnus, mit gewalbt vnnd bei breihundertt darzu verordneten geristen mannen zu Roß vnnd fues obberurtt haus vnnd cloister vmbgebenn vnd innemen, plundern vnnd die armen ordensleuth, prior vnd gantz conuent, ploiß darauß in das ellendt vnnd vnbefant landt veriagenn vnnd vertriben lassenn, wie er auch dasselbig noch heutigs tags de facto inheltt vnnd mit eynem amptman besatz hatt, dar sich alles vnnd iebes einkomens vnnd zugehorungen, nichts außgescheiden, anmast, vnnb daruon ben armen anwalbts verarmbten, veriagtenn, beraupten principaln nichts volgen oder mittheilen lassenn, Alles inn willen, mahnung vnnd gemuet, antwalbts principaln, hernn Prior vnnd conuentt, von irer lang herprachter, vnwiderspreclichen gewehr vnnd possession vel quasi zu tringen vnnd zu entsetzen, wie sie auch albereit durch hochermelten hertzogenn eigenthatlicher weis, so uil ann Ir. F. G. gewesenn, de facto oberzeltermaßenn entßetzt vnnd spoliret seinbt,

Vnd wiewol antwalbts also spolirte principales vilmals bey hochermelten hertzogenn ·vmb restitutionn vnnd widereinsetzung guetlich mehr dan einmal instenbig angesuchet, aber nichts erlangen mogen, vnnb barburch hoichst genoittbtruckt vorbenn, G. G. vmb hilff rechtens zu ersuchenn vnnd vber sulche gewalbtsame thaitt sich zu beclagenn,

Wann dann oben erzelter thait also vnnb bieselb an im selbst notori, lanndtkunbig vnnd offenbair, das berurte hern Eleger vnnb ire vorfarnn so lang verierte zeit in ruwiger possession vel quasi, bie sei, Eleger, vnnb ire vorfarn ie zum wenigsten auß krafft ber obangezogenen lengste zeit erlangt vnnb bekommen, des hauß vnnb cloisters gewesenn, vnnb noch bairbei billich pleiben sollenn, vnnb bas sie bermaßenn vnbefuegter weiß baruon entsetzt vnnb spolirt worden seint, wie sulche notorietet hiemit proponirt vnb furgewendet wurbt, vnnb fernere außfuerung beßhalbenn zu thun nach besage ber rechtt von vnnothen ist,

Darburch bann hoichermelter Furst rei aliene inuasor vnnd occupator ist, vnnd sol aller seiner gerechtigkaitt, so er ann den eingenomen guttern gehaptt ober pretendirt, derenn er doch keine mit grundtt zu ewigenn tagen genugsam darthun ober erweisenn habenn kundtte, habenn mochte, verwurckt vnnd verloerenn vnd derselben priuirt vnnd den spolirtenn, sunderlich geistlichenn, Conditione ex canone reintegrando 3. quest. 1 et c. sepe ex de restit. spol., zue gentzlicher restitution wiberumb verholffen werden soll,

Vnnd dann ferners sulche sachenn spoliationis im rechtenn sunderlich begunstigett, begnabett vnd priuilegiert, das darin summarius processus et . . . causae cognitio gehaltenn, keine prolongationes gestattet, sunder denn spolirten furberlichs rechtens, wilchs billich in gegenwurtigenn fall, so amissionem domicilii vnnd vite alimenta, victus et amictus vnnd religionem betrifft, verholffen werden soll,

So bitt anwaldt in aller bestenn form, maß vnnd gestaldtt, so das vonn rechts wegenn gescheen soll, khundt ober mogtt, hoichermelten hertzogenn, beclagten, zu condemniren vnd zu verdammen, auch mit geburlichen mittel der Rechttenn vnnd des heiligen Reichs ordnung dahin zu zwingenn, das er zuuorderst von gemeltem closter vnnd hauß handt vnnd fueß abthue vnnd benn Cleger wiberumb in ir frey sicher gewehr vnnd possession einhenbig mache, weithers alle inn- vnd zugehorungen, beweglich vnnd vnbeweglich, wie die Namenn haben mochten, erlittner schedenn vnd interesse, auch empfangnen nutzungen, vnnd die hattenn mogen vonn eynem guthenn, vleissigen haußvatter vffgehapenn vnnd empfangen werden, gentzlich, volkomlich reintegrieren vnnd restituiren, was desselbigen noch vorhanden, oder den geburlichenn werth, dafur sie lieber zehenn tausentt gulden ausserthalb das Cloister mangeln woltten, erstatte vnd erfulle, cum refusione expensarum in futurum faciendarum, factarum et fiendarum, Vnnd sunst zu erkennen vnnd zu erkleren, das Jr. F. G. vmb disser eigenthatlichen, freuentlichenn handlung willenn wiber der Romischen kayserlichen Maiestatt mittheilt schutz vnd schirmbreiff vnnd des heiligen Romischen Reichs satzungen vnnd gutte pollicey bescheen vnnd in die peen G. G. außgangnem Mandat einuerleipt gefallen zu sein, wie auch anwaldt Jr. F. G. also zu condemniren, zu erkhennen vnnd zu ercleren vnnd seine principales wircklich zu restituiren, vnbertheiniglich gepetten habenn will.

Vorbeheltlich ferner was recht ist.

Philippus Seiblinus, Licentiat.

. . Klag

Herrn Prior vnnd Conuents der Carthusa bey Rostock, Clegern,

contra

Denn hoichgebornenn hern Johan Albrechten, Hertzogen zu Mechelburg, beclagten.

Prod. Spirae. 17. Octobris. Anno 1554.

Nach den abschriftlichen Actenstücken des ehemaligen Reichs-Kammer-Gerichts zu Wetzlar, welche jetzt in der Registratur des Ober-Apellations-Gerichts zu Rostock befindlich sind.

Nr. 52.

Acten-Protocoll des Reichs-Kammergerichts ꝛc.

1555. 8. Februarii.

Seiblin: Seie die sach bei zwayen Jaren angestanden vnd die selbigen verjagte vnd spoliirte ordensperfonen vnd leute, so wisse er nichts zuzulassen, sondern pit, seinen partheien in possessorio zur restitution zu uerhelffen vnd furbrachte articulirte clag, so notori vnd landkundig, fur bekanth anzunemen.

Aus den Reichs-Kammergerichts-Acten.

Nr. 53.

Acten-Protocoll des Reichs-Kammergerichts.

1555. 18. 7bris.

Kaben: sey bericht, das Hertzog Vlrich von Mechelburg sich in die sachen geschlagen vnnd bi vertragen woll, bit ein monat.

Seublin: ist keiner gutlichen Handlung gestendig, repetirt zu einer anzaig sein hieuor gehalten receß, vnd bieweil seinen partheien alimenta gebresten, so pit er, ime zu schleuniger endtschaft zu uerhelffen vnd die clage pro contestata anzunemen.

Kaben: ist angebens nit gestendig, bit die Zeit.

Aus den Reichs-Kammergerichts-Acten.

Nr. 54.

Einrede des Herzogs Johann Albrecht von Meklenburg beim Reichs-Kammergericht gegen das Karthäuser-Kloster Marienehe wegen Herausgabe des eingezogenen Klosters.

D. d. Eßlingen. 1556. Januar 27.

Wohlgebornner Romischer Kayserlicher Maiestatt Chamer Richter amptsverweser, gnebiger herr. In sachen des Durchleuchtigen Hochgebornnen Fursten vnd herrn herrn Johans Albrechten, Hertzogen zu Mechelburg ꝛc., beclagten, eins, gegen vnd wider Prior vnd Conuent des Cartheuser Closters bey Rostock, angemaste Clegere, ander theils, auß sonderm berohalben schrifftlich empfangenen beuelich, zeigt Anwalb, wie nachuolgt, vnderthenigliche an:

Das in dem negst verschienen funff vnd funffzigsten iare zu Augspurgk vffgerichten vnd publicirten abschied außdrugklich versehen vnd von den Stenden ainhelliglichen bewilligt, wo etliche Stende vnd derselben vorfarn etliche Stiefft, Clöster vnd andere gehstliche gueter ingezogen vnd dieselben zu Kirchen, Schulen, milten vnd andern sachen angewendet, das dieselben Stendt dabey gelassen werden vnnd berohalb weder in noch außerhalb Rechtens zu erhaltung eines bestenbigen ewigen Friedens nit besprochen, noch angefochten, auch solcher eingezogener vnd verwendter gueter halben an diesem kayserlichen Chamergericht kein Citation, Mandat oder Proceß erkenth oder decernirt werden soll ꝛc., Alles inhalts vnd vermog angeregten abschieds, Wan aber nun vor gutter zeitt der angemasten Cleger eingezogene gueter zur Vniuersitet zu Rostock gebraucht vnd verwendet wordenn, So volgt hierauß schließlich, das hochermelter Hertzog den vermeinten Clegeren solcher sachen halben weitters oder ferners red oder anthwortt zu geben nitt schulbig, auch die vermeinten Cleger mit irer angemasten clagen weitters nitt zu horen oder zuzulassen, vil weniger daruber ichts zu erkennen sey,

Bitt demnach anwalb, seinen gnebigen Fursten vnnd herrn bey solchem allegirten abschied handzuhaben, darwider nitt zu bringen, vil weniger die gegentheill ferners zu horen oder zu procebiren zu gestatten, sonder inen berohalben ein ewig stillschweigen vffzulegen, vnd hochermelten Fursten von furbrachter Clage mitt erstattung costen vnd scheben zu absoluiren, auch sonst alles vnnd iedes zu erkennen vnd zu sprechen, was in einen solchen fall vermog angeregten abschiebs zu bitten vnd zu erkennen sein soll, kan oder mag, rufft hierüber anwalbt E. G. ampts halben vnderthenniglichen an.

Vorbeheltlich aller ferner Notturfft.

Michaell von Kaben, Doctor.

Erhebliche vrsachen vnd Einrebt, warumb die gegentheil im Rechten weitters nitt zu horen, mit angehengter Bitt

Des Durchleuchtigen Hochgebornen Fursten vnnd herrn, herrn Johans Albrechten Hertzogen zu Mechelburg rc., Beclagten,

contra

Prior vnd Conuent des Cartheuser Closters bey Rostock, angemaste Clegere.

Prod. Esslingen. 26. Januarii. Anno 1556.

Nach den abschriftlichen Actenstücken des ehemaligen Reichs=Kammer=Gerichts, jetzt in der Registratur des Ober=Appellations=Gerichts zu Rostock.

Nr. 55.

Acten=Protocoll des Reichs=Kammergerichts rc.

1556. 16. Decembris.

Kaben sagt contra 14 8bris beschluß, ist des wiberigen angebens nit gestenbig, repelit sein 27. Januarii Except.

Seublin repelit sein itzt angeregten Receß, pit wie baselbst.
Anno 1557. Nihil actum reperitur.
Anno 1558. 7. Januarii.

Aus den Reichs=Kammergerichts=Acten. Hiemit schließt das Acten=Protocoll.

Nr. 56.

Christian Westhof, Prior der Karthause Marienehe, ersucht den Rath der Stadt Stralsund um Zahlung der fälligen Zinsen.

D. d. Rostock. 1557. April 3.

Jesum Christum den ewigen mibbeler twischen gobe deme hemmelschen vader vnnd vnns neuest innigen gebebe i. e. w.

alle tidt beuoren. Groethgunstige vnd andechtiger here. Wy arme elende vorlaten lude hebben i. e. w sampt vnnßerem werde tho uele malen geschreuen, van wegen vnnßer nastelligen renthe, ßo by deme erbaren rabe thom Strallßunde ßint Michel bedaget, einen gruntliken affscheidt bekamen mochten; hefft vnnße werde Mowritzs vam Hagen derwegen entschuldinge gedaen, dergestalt, ein erbar rabe mit wichtigen saken vnnd handelingen bekummert, keinen gruntliken bescheit hebben bokamen moegen, Iß derhaluen mine fruntlike vnnd bemodige bebe, i. e. w. wille doch instendige vorforderinge by den burgermeisteren bhon, dat vnnße bokamen mochten, bewhle de ander termin vp tokamende Ostern vorhanden, in der betalinge bubbelt boswert werden. Hoffe, ein erbar rabt ßiner f. g. vortoholden, bewhle be ßake in hoch seh. maht. cammergerichte gewaltich iegen ßine f. g. proceberet wart dorch vnnßern procuratorem, wo denn i. e. w. vth bigebunden breue vornemende, vnnd alle dage ein fruchtbar vrthel ebber sentencie erwarhten, vorhape wy gentzlich, ein erbar rabt dat ßuluige in hoch bedencken nemen wart, ßiner f. g. vngnedige forderinge keine audiencien ebber gehoer geuende wart, nisi veris possessoribus, nha lude vnnd inholde ßegel vnnd breue. De grote iniurien vnnd gewalt vnnßer andern ingenamen guder, darvan wy van ßiner f. g. erbarmlich ensettet, whl wy gedult dragen, ße werden even rechten vindicem wol bekamen, Dewhle gobe loff be thybinge vorhanden, wo denne i. e. w. vth ingelechten cedelen vornemende, van loffwerdigen affgesant, dem i. e. w. wol louen geuen mach, be ßuluigen guben frunden willen mithbeilen, im ßundrige vnnßeren groethgunstigen heren her Anthonio Dechow burgermeister darsuluest, vnnde nha auerleßinge des camerbreues vnnßeren werde willen voranthwarden, vnnß thon handen webberumme kamen mach. Hirmit i. e. w. gobe dem almechtigen gesunde nha ßinem gobeliken willen beuelende im gelucßeligem regiment. Geschreuen tho Rostock, 3. Aprilis, anno domini 57.

J. e. w.
denstwilliger
Christianus Vesthoff
prior der cartuß Marienee.

Dem erbaren, vorsichtigen, whsen heren her Jurgen thom Felde, ehn rathman wanafftich thom Strallßunde, myneme groethgunstigen heren vnnde frunde tho egenen handen.

Nach dem Original im Archive der Stadt Rostock, nach einer Abschrift des Professors Schröter.

Nr. 57.

Rostocker Chronik aus dem 16. Jahrhundert über die Aufhebung des Klosters Marienehe.
1552 — 1559.

1546 starff martinus luther yn godt; de tybing brachte de prior vnd schaffer van marien E erften yn roftock yn mynes veddern huß.

1552. In biffen fuluen har worden de monik vth den beiden klofteren Marien Ehe vnd Dobbran vordreuen van den hertogen von meckelnborch.

1559. In biffen har vngeverlich wordt dat klofter MarinE dale gebraken vnd de ftene na Guftrow gevort dat flot dar myt tho buwen,
vnd von Doctor Bowke fyne hufe buwen wolb yn der breden ftrat, dar let he of vaft 40 vober halen van den ftikk ftenen van marine.

Nach dem Original auf der Regierungs-Bibliothek zu Schwerin, gedruckt in Jahrbüchern VIII, S. 192 flgb.

Nr. 58.

Der Herzog Ulrich von Meklenburg fordert von den Karthäusern von Marienehe zu Rostock, einen goldenen Kelch, welcher von dem Kloster Doberan den Karthäusern zur Verwahrung übergeben ist, der Herzogin Aebtiffin Urfula zu Ribnitz für eine Geldforderung derfelben auszuliefern.

D. d. Bützow. 1561. Februar 20.

Wir Vlrich vonn gottes gnaben hertzog zu Meckelnburgk, fürft zu Wendenn, graue zu Schwerin, der lande Roftogk vnd Stargartt herr, bekennen offenbar mit diefem Brieff vnd quitantz vor vns, vnfer erbenn vnd nachkommen vnd funft ibermenniglich, das wir gleublich berichtet fein worden, das ein

gulden kelck aus vnserm closter Dobberan soll sein
bey den carteusern vonn Marienehe itziger zeitt zu
Rostogk, welcher inenn zu getrewen handen zu uerwaren
gethann, vnd dieweill vnser lieber brueder hertzog Johanns Al=
brecht ꝛc. der erwirdigen inn gobtt vnd hochgebornnen furstinnen
frewlein Vrsule, gebornnen hertzoginne zum Meckelnburg, fur=
stinne zu Wenden, greuinne zu Schwerinn, der lande Rostogk
vnd Stargardt freuwelin vnd Ebtissinne des iungkfrouwenclo=
sters zu Ribnitz, vnser freundtlichen lieben vetterchen, zu abele=
gen vnd zu bezalenn funftehalb hunbert sunbische marck, die
i. l. vnserm her vater seliger gebechtnus gelentt vnd furge=
strecket hatt, denn halbenn theil an demselben kelcke vbergeben
vnd wir von ihrer l. freundtlich gebeten vnd angelangett, der=
selben auch gleichfals vnnsern andern halben theill, also bas
ihre l. denn kelck gantz bekommen mochte, freundtlich zu vber=
lassen, ob wir nun geleich mit benn schulden der funftehalb
hunbert sunbische marck nichts zu schaffenn haben, sondern bie=
selben vnserm brubernn hertzog Johans Albrechten zu bezalenn
geburen, wie bhann s. l. antheill am kelck auens baiegene i. l.
zu vnd angeschlagen, so habenn wir bennoch gemelter vnserer
lieben vetterchen vnsern andern halben theill am kelcke auf i. l.
freundtlich bitten vmsonsten aus sondern freundtlichen willen
vnd guten zuneigung gutwillig geschencket vnd vbergeben, so
begerenn wir ernstlich an euch carteuser samptlich
aus Marienehe, bas ir sollenn auf ire l. anfordernn
bei euch i. l. vorberurten kelck one vertzugk zustellenn vnd
vberantwurtenn. Darahn thuet ihr vnser zuvorlessige ernstliche
meinung vnd sagenn euch carteuser samptlich vonn berurtem
kelck in kraft dieser vnser quitantz vor vns, vnser erbenn vnd
nachkommen, auch vor ibermenniglich geistlichs ober weltlichs
standes, der euch furgenenten carteuser vmb ben furgesechtenn
kelck wurde, in wasserley gestaldt idt geschehenn muchte, beschul=
bigenn vnd ansprechen, quibt, lebig vnd los. Des zu weiter
vrkundt der sicherheitt mit vnserm aufgedrucktenn pitzschier vor=
siegelt. Datum Butzouw, benn zwantzigsten Februarii, Anno ꝛc.
ein vnd sechtzig der weiniger iarzall.

Nach dem Original im Archive der Stadt Rostock, nach einer Abschrift
des Professors Schröter.

Am 28. Januar 1561, zu Ribnitz, fordert der Herzog Johann
Albrecht in ähnlichen Ausdrücken die Auslieferung des Kelches. Am
27. Februar 1561 bescheinigt die Aebtissin Ursula die Empfangnahme
des Kelches.

Nr. 59.

Der preußische Secretair Balthasar Gans berichtet dem Herzoge Johann Albrecht von Meklenburg über die nach Lübeck gebrachten Urkunden des Karthäuserklosters Marienehe.

D. d. Lignitz. 1562. August 3.

Durchleuchtiger, hochgeborner furste, gnediger herre. E. f. g. sein meine vnberthanige dinste In allewegen hochstes vormugens zuuorn bereidt. Gnediger Furste vnd herre. E. f. g. gebe ich hiemit vnberthaniglichen zu erkennen, das ich den Speten zu Lubben in der Laußnitz, also auch zu Prage nicht antroffen, Vnd wiewol mir seine hinterlaßene angemutet, das ich ime an der Ko. w. zu Behaim hoff gegen Wien volgen solbe, habe ich mich doch desen nicht vnpillig zum hochsten beschweret, habe Ime aber vf der post geschrieben, vnd ime gegen Greifstein in der Schlesien beschaiden, mitler Zeit bin ich gegen Brige in die Schlesie der auferlegten gewerbe halben an hertzog Gorgen vorreiset, daselbst in namen e. f. g. neben geburender freuntlicher begrußung bey s. f. g. die sachen bestes vleisses furgetragenn. — — — — — — — —

— — — — — — — — — — — — — — — —

Souil, gnediger Furste vnd herre, habe ich in disem handel beschaft vnd bin alsbald denselben tag, nemlich denn 26. Julii von s. f. g. abgeschiden vnd den tag nach bis gegen Breßla gereiset. Zu Breßla fand ich bescheid fur mir von Friderich Speten, das er zum Greifstein ankhomen wolde, Dahin ich mich vngesaumet begeben, Vnd bin vf 29. Julii doselbst erst mit ime zusamenkhomen vnd volgends den 30. Julii di handlung mit ime vorgenomen vnd fast zwene tage mit im zubracht.

— — — — — — — — — — — — — — — —

Speten erclerung in etzlichen andern Puncten.

Die briue ober die Carthus bei Rostock hat ein Monch, des Burgemeisters Marx Meyers, Burgemeisters zu Lubeck, bruder, weg gefuret vnd zu Lubeck in ein closter bracht, Wan hertzog Hans Alb. ime aufspricht, wil er s. f. g. weg weisen, das sy di wider bekhumen.

Dis, gnediger furste vnnd herre, ist alles, was ich mit Speten gehandelt vnd ausgericht. Wan nun daburch zu e. f. g. nutz ettwas bescheen, so vordrosse mich die muhe so vil weniger, solb aber daselbe nicht sein vnd villeicht durch meinen vnuor=
standt etwas vorsehen, Bith ich mir solchs zu uortzeihen, dan het ichs besser vorstanden, solb warlichen e. f. g. an meiner vnderthanigen dinstwilligkeit keinen mangel finden, Vnd e. f. g. nach hochstem vormugen zu binen, solle sy mich willig erfinden. Datum Lignitz, den 3. Augusti, Ao. 1562.

E. F. g.

Vnderthaniger diner

Baltazar Gans.

Dem durchleuchtigen, Hochgebornen fursten vnd herren hern Johans Albrechten Hertzogen zu Mekelburg, fursten zu Wenden, Grauen zu Schwerin, der lande Rostock vnd Star=
garden hern, Meynem gnedigen fursten vnd hern,

zu f. f. g. aigen hauden.

3ten Aug. Ao. 1562.

Nach dem Originale von der Hand des Balthasar Gans, Secretairs des Herzogs Albrecht von Preußen, im großherzogl. meklenburg. Geh. u. H. Archive zu Schwerin.

Nr. 60.

Johann von Münster, Prior der Karthause Marien=
kloster bei Hildesheim, dankt dem Dominikaner=
Prior Hermann (Otto) zu Rostock für die gastliche Aufnahme der Brüder aus der Karthause Marien=
ehe und empfiehlt ihm die Brüder Servatius und Mathias.

D. d. Hildesheim. 1565. Junii 22.

Jhesum Christum crucifixum nunc et semper et in hora mortis propicium cum humili fraterna benevolentia loco salutis. Venerabilis ac eximie domine Hermanne. Si vestra paternitas animo et corpore bene valet, est quod desidero, idem a fratribus meis, quos benevolentia vestra apud se pie sustentat, quam gracia remunerare dignetur pius ac misericors dominus deus vestre paternitati. Insuper ego ex persona ipsorum vestre

pietati paterne pro hospitalitate, gracia, amicitia et beneficiis a vobis ipsis meis dilectis confratribus exhibitis gratias ago et habeo, et gratus ac sedulus vtiliter ergo vos semper promereri paratus, idem ordo noster graciam vestre paternitati prestabit tempore opportuno, memor beneficiorum vestrorum erga fratres nostros, quos ita humane pertractatis apud vos Rostochii, et horum memor ero in capitulo generali anni sequentis, et rogo per amorem dei, vestra paterna benevolentia pro pietate sibi ingenita velit eos pacifice apud se sufferre ac supportare, et eos benivole instruere ac corrigere, si opus fuerit, existimo ac confido in domino deo de ipsis meis fratribus, quia erunt obedientes, tractabiles ac docibiles in omnibus. Frater noster Mathias conuersus, professus legis Marie in carthusia nostra, omnia explicauit, graciam et amicitiam, quam eis exhibetis, et que erga vos aguntur, sed in persecutionibus ac calamitatibus uestris .... confortamini ac consolamini in domino deo, quia nunquam sperantes et confidentes in se desinit, et potens est deus, humanam miseriam mutare, cum sibi placuerit. Interim bona pacientia cum bona supportatione, que omnia dura et aspera vincit, habenda est et non frangi animos in adversis, sed leto animo pertransire modo convenit seruis dei et in sua simplicitate et innocentia sustinere ac perseuerare in bono proposito cordis in domino, quod omnipotens et misericors deus in nobis confirmet, et commendo vestre paterne prudentie dilectos ac bonos fratres nostros Seruacium et Mathiam, quousque deus omnipotens negociis ipsorum felicem finem imponat et ipsis prouideat. Interim in sua humilitate pacati et quieti ac pacifici permaneant in sancta obedientia ordinis, et si que interea occurrunt, mihi rescribant consilium bonum atque refugium apud me semper habebunt et invenient bene et feliciter cum venerabili viro collega vestro et fratribus meis dilectis Seruatio ac Mathia. Valete in Christo Jhesu, optimo saluatore et consolatore mestorum cordium, optime domine pater prior Hermanne. Ex conuentu claustri Marie in carthusia prope Hildesiam. Et oremus pro inuicem, vt saluemur et eterne vite participes simul in futurum fiamus. Anno salutis domini 1565, ipsa feria sexta infra octauas corporis Christi.

  Frater Johannes Monasteriensis, humilis prior et servus fratrum suorum claustri Marię in carthusia apud Hildessem, vester amicus integerrimus, si quid potest, totus vester.

Venerabili ac religioso viro domino Hermanno patri priori ordinis predicatorum Rostochii ad sanctum Johannem amico et fautori he dentur littere suo in Christo charissimo.

<small>Nach dem Originale im Archive der Stadt Rostock, nach einer Abschrift des Professors Schröter. Gedruckt in Schröder Evang. Mecklb. II., S. 474. Der rostocker Dominikaner-Prior Hermann Otto lebte noch am Ende des J. 1571; vgl. Schröder a. a. O. III., S. 84.</small>

Nr. 61.

Der Karthäuserbruder Mathias Sasse berichtet auf Andringen des Rathes zu Rostock vor Notar und Zeugen, daß die Lade mit den Urkunden, welche die Karthäuserbrüder Mathias Sasse und Matthäus Meier bei dem lübeker Domvikar Heinrich Dunker deponirt haben, von diesem wieder weggegeben sei.

D. d. (Lübek). 1575. Mai 7.

In dem namen gotz, Amen. Kund vnd zu wissen sei ibermennichlich, die dieß iegenwertige offen instrument sehen, lesen ober horen lesen, daß in dem iaere, alß man zelte nach Christi vnsers leuen hern vnd salichmachers geburtt 1575, in der 3. indiction, Romer zinßzall genandt, sonnauendes den 7. monats Maii, zwischen 7 vnd 8 vren, furmitages, bei herschung vnd regierung des allerburchleuchtigesten, großmechtigsten vnd vnauerwintlichsten fursten vnd heren heren Maximilian ꝛc., ist in meiner offenbaren notarien vnnd zu endt beschrebene gezeugen iegenwerbigkeitt personlich erschenen der anbechtige Mathies Sasse, professus, sagtt vnd zeigt ahne, welcher gestalt daß im iaere nach der gebort Christi 1574, denn 8 tag monatz Junii, hetten die beiden geistliche brobere, nemblich er Matthias Sasse vnd Matheus Meier, der vorstorben carthus Marienehe vor Rostock belegen beide ingellebede personen vnd professe ꝛc., eine labe mitt etlichen besiegelden breuen, so be vorigen gewesenen hern der carthuser vf der sulte to Lunenborg vf rente belecht, beme crafftigen hern Henrico Duncker, vicario zu ber bomterkenn to

Lübeck ꝛc., mit erer beider willen deponert vnd to truwer hant bi sinen gesettet vnd er Henricus Dunncker se ock an sich genommen. Nach affsteruent aberst Mathei Meiers zeliger gedachtnuß hetten die eruen zeligenn Mathei Meiers hern Henrich Dunncker mit notarien vnd gezeugen auergefallen, sodane laben von ime gefurberett, dar dan nicht allene breue, sunbern auch geltt vnd anbre breue den eruen gehorich inne gewesenn, worauf bemelten erben disser bericht geschein, die labe mitt den breuen were nicht bei hern Hinrichen, sunbern wedderumme von eme getaen na vthwisunge zugestelter quitantzien, vnd weren keine breue aber gelt in solcher laben gewesenn, den erben belangende ꝛc. Vnd hatt Mathies Sassen weiters vermeldett, daß eß sich darnach hette zugetragen.

Dar nha hefft sick thogebragen, daß ene erbaer radt der stadt Rostock ehren secretarien Bernhardum Lusckow ansuchent vnd instendige vorforderunge mi belanget, ene wilde de breue thostan laten, wolden mi indemueren, schadeloes holden vor ibermennglichen, beßselbigen wi nicht hebbe vnberstan willen, sunder mit willen, medeweten obgenanten Mathies — —

<small>Nach zwei Conceptfragmenten, von denen eines von Dunkers Hand, im Archive der Stadt Rostock, nach einer Abschrift des Professors Schröter.</small>

Nr. 62.

Mathias Sasse, der letzte Bruder der Karthause Marienehe, cedirt dem Rath der Stadt Rostock alle Gerechtigkeit des Klosters, mit Auslieferung aller Urkunden, die er in Verwahrsam hat, unter der Bedingung, daß der Rath die Güter nur zu Gottes Ehren verwende und dem Kloster für den Fall der Wiederaufrichtung desselben zurückgebe.

D. d. Lübeck. 1576. Junii 22.

Ick Matthias Sasse, frater des closters vnnd carthus Marienne vor Rostock belegenn, dho kundt vnnd bekenne hirmede apenbar vnnd vor ibermenniglifen vnnd insunderheit ock vor minem erloser vnnd salichmacher Jesu Christo vnnd finer werdigen moder Marien, datt ick als der lateste des thouorn gedachtenn klosters vnnd carthus Marienne vor Rostock belegenn, alle gerechtigkeit desſulnigen klosters einem wifen rabe der stadt Rostock, so mÿ vnnd minen leuen seligen medebrodern tho der tidt, alse wÿ noch in gudem wolstande gewesen, vnnd ock hernha, alse vnse guder vns mit gewalt genommen sin, vele gudes ertoget vnnd auerflobigk bewifeth hefft, cederet vnnd affgetreben vnnd erwentem rabe tho Rostock vpgebragen vnnd auergenen hebbe, wie ick dan sulicks ock hirmede dho vnnd alle des closters gerechtigkeit van mÿ geue vnnd dem rabe tho Rostock neuen denen breuen, so bÿ mÿ noch auerich gewesen, auerantwerde vnnd thostelle, dergestalt, datt ein rath tho Rostock nummer sulcker des closters gerechtigkeit sick annatenn vnnd gebrucken vnnd mitt den breuen manen moge, wie mine selige medebroder bÿ erem leuende vnd ock ick gedhan hebben vnnd datt closter thouorn gedhan hefft, ehe edt de hartogen mitt gewalt ingenhamen hebben, vnnd wat also ein rath tho Rostock von dem closter vor nuttung entfanget vnnd bekummet, dar ein rath thom hogesten fick inne befliten schall, datt alles schall ein rath tho gades ehren webber gebrufen vnnd anwenden vnnd nichts daruan vnderschlan. Droge edt sick ock tho, datt dat closter Marienne in vorigen standt webber keme, wie ick dan hope, so schall ein rath alle disser gerechtigkeit, so ick onen aftrebe, dem closter wedderomme thostellen vnb folgen lathen, welckes ock ein rath dhon warth, vnnd ick an erer gottsaligkeit vnnd framheit nicht tuiuele. Ick will ock dem rabe solckes tho dhonde hirmede vppe erlecht vnnd beualen hebbenn. Tho orkunde hebbe ick dessen breff, wile ick nicht schriuen kan, einem andern schriuen lathen vnnd mith des closters Marienne segel vorsegelt vnnd de werdigen her Nicolaus Gribbenissen vnnd her Henrich Duncker dessen breff thor tuchenisse mit tho vorseglen vnd tho vnderschriuen gebebenn. Geschen in Lubeck, frigebages nha Corporis Christi den 22. Junii, anno der mindertall sos vnd souentig.

Ita est vt supra, quod ego Nicolaus Gribbenitz manu propria attestor.

Ita est vt supra, quod ego Hinricus Dunncker manu et sigillo proprio protestor.

Et ego Gulielmus Schutte Lubecensis, sacra imperiali auctoritate notarius, quia premissae renunciationi et cessioni omnibusque aliis, dum sic vt praemittitur fierent, vna cum prenominatis testibus presens interfui eaque sic fieri vidi et audivi, ideo hoc ipsum propriae manus subscriptione attestor.

Nach dem Original im Archive der Stadt Rostock, auf Papier, mit aufgedruckten Siegeln, nach einer Abschrift des Professors Schröter. Eine gleichlautende Ausfertigung ist auf Pergament mit den Siegeln an rothen seidenen Schnüren in Blechkapseln.
Dieselbe Cession ist noch ein Mal in Form eines Notariatsinstrumentes auf Begehren des Rathes zu Rostock ausgefertigt. Diese Ausfertigung, welche noch mehr verclausulirt ist, ist in hochdeutscher Sprache abgefaßt. Nach dieser Ausfertigung war Gribbenitz Vicarius des Domes zu Lübek und Dunker Vicarius zu Lübek und Eutin. Ort und Datum sind gleich, jedoch im Hanse des Gribbenitz.

Nr. 63.

Mathias Sasse, der letzte Bruder der Karthause Marienehe, übergiebt in Verfolg seiner Cession eine in Rostock befindliche Lade des Klosters dem rostocker Rathssecretair Bernhard Luschow und bevollmächtigt denselben, statt seiner zu handeln.

D. d. Hildesheim. 1576. August 10.

Ick Mathias Sasse, ordens der carthuß Mariene vor Rostock belegenn zuletzt leuende, betzeuge in krafft disser schrifft, nachdem ich lest vorschienen monats Julii binnen Lubeck einem erb. wolw. rabe der stadt Rostock vormuge darober vfgerichter vorschreibunge vnnd offentlichenn instrumento siegel vnnd briebe vnnd wes sonstenn des orts obgedachtes closters Marhene vorhandenn vffgetragenn, cediret vnnd auß gutem freyen willen wegen vielfeltiger gutthaben, so sie mir vnnd meinen vorfaren gemeltes closters erzeiget vnnd beweisett, obergeben vnnd bomalß wegenn einer laden, so binnen Rostock vorhanden, mit gedacht wordenn, das ich solche lade vnnd was sonst des orts mher mochte vorhandenn sin, dem erbarn Bernharde Luschow, obgemelter stabt Rostock secretario, vbergebenn vnnd beualenn, solchs alles in meinem nhamen offzuheben vnnd mir daruon besselbig, was er ierlich bekumbt, die zeit meines lebens zukommen lassen solle, vnnd dar er ettwas erkunden wurde, so mir vnnd gemeltem kloster zum bestenn gereichen mocht, solchs alles an sich zu nhemen, zu fürbern vnnd mir zu. vberschickenn macht habenn solle, gelobe auch alles krafft disser schrifft, was ich vormalß vbergebenn, vestiglich zu halten, auch mennichliche ersucht habenn wolle, soferne obgedachte von mir gutwillige vbergebene siegel vnnd brieue vnnd weß sonst mher mochte vonn gemeltem Bernharde Luschow mir zum bestenn ingefordertt wurden, solchs alleß nicht anderß alß zu gottes ehren wiederumb angewendett werden soll, vnnd dar dem zugegen gehandelt, mhergedachter Bernhardtt Luschow macht haben soll, solche siegel vnnd briue zu wiederreben, vnnd das die renten daruon nicht außkommen, biesprechen moge, alles in krafft disser schrifft vnnd ahne gefherde. Des zu vrkundt der warheidt habe ich mhergedachtes closters siegel hiervnder an bissenn brieff wissentlich gedrucket. Gegeben binnen Hildenßheim in der carthauß, den zehenden monatstag Augusti, Ao. 2c. 76.

<small>Nach einer gleichzeitigen Abschrift im Archive der Stadt Rostock, aus einer Abschrift des Professors Schröter.</small>